Comportamento Organizacional

DESENVOLVENDO ORGANIZAÇÕES EFICAZES

Peter Block

Comportamento Organizacional

Desenvolvendo Organizações Eficazes

M. Books do Brasil Editora Ltda.

Av. Brigadeiro Faria Lima, 1993 - 5º andar - Cj. 51
01452-001 - São Paulo - SP - Telefones: (11) 3168-8242/(11) 3168-9420
Fax: (11) 3079-3147 - e-mail: vendas@mbooks.com.br

Dados de Catalogação na Publicação

Block, Peter
Comportamento Organizacional/Peter Block
2004 - São Paulo - M.Books do Brasil Editora Ltda.
1. Consultoria 2. Recursos Humanos 3. Administração
ISBN: 85-89384-47-0

Do original: The answer to how is yes

Original em inglês publicado por Berret-Koehler Publishers, Inc.

EDITOR
Milton Mira de Assumpção Filho

Produção Editorial
Salete Del Guerra

Tradução
Júlio Monteiro de Oliveira

Revisão Técnica
Myrthes Suplicy

Revisão de Texto
Cláudia Mello Belhassof
Glauco Perez Damas

Design
Texto: Brad Greene, Greene Design
Aberturas: Bill Dan

Capa
Mark van Bronkhorst, © 2001 MvB Design

Fotos
Jim Block © 2001
(esculturas de Bill Dan)

Editoração e Fotolitos
ERJ Composição Editorial e Artes Gráficas Ltda.

2004
1ª edição

Dedicatória

Para Jim,

com amor e respeito.

&

Para Cathy, minha musa.

Agradecimentos

Este livro é resultado da insistência e paciência de meu editor, Steve Piersanti. Ele foi um guia útil para o foco do livro e também é um executivo que incorpora essas idéias em sua vida. Agir sobre o que importa é a essência de sua editora. Sou grato a Allan Cohen por apoiar as idéias deste livro em uma época vulnerável, bem no início de sua redação.

Bernard Booms tem sido um grande amigo e também me ajudou no início. Seu cuidado, compaixão e humanidade mudam tudo que ele toca, e sou sempre grato por isso. Este é o meu segundo livro que Frank Basler revisou e suas reações são sempre ponderadas e de coração. Neal Clapp também colocou seu cuidado e sua mente na melhora de uma das primeiras versões, e sou sempre grato por seu insight e por sua amizade. Quero também agradecer a David Eaton, um terapeuta e ser humano sábio que me influenciou de uma centena de maneiras. Ele me ofereceu uma forma de encarar a condição humana com mais aceitação, que espero tenha vazado para este livro.

Bill Dan é um escultor da Califórnia que equilibra as coisas na natureza. Trabalhando apenas com as mãos e em um estado mental único de concentração, ele cuidadosamente empilha pedras, vidros e outros objetos, naturais e achados, em arranjos que desafiam a gravidade. Agrupadas ao longo de uma praia, um parque ou outro espaço público, suas esculturas são ao mesmo tempo um tipo de meditação sobre a forma e o equilíbrio como também belas obras de arte, ainda que não-permanentes.

As fotografias das esculturas de Bill Dan na capa e por todo o livro foram feitas pelo meu irmão, Jim Block, um fotógrafo de São Francisco especializado em fotos para corporações, instituições públicas e comunidades sem fins lucrativos. Sua recente documentação de restaurações arquitetônicas foi publicada em um livro chamado *A Celebration of Craftsmanship*. Ao descobrir as esculturas de pedra de Bill Dan, Jim sentiu que essas imagens proporcionariam uma metáfora visual adequada às idéias expressas no livro.

Quero agradecer a quatro pessoas que tornaram este livro mais acessível ao leitor. Leslie Stephen é minha editora preferida, ela teve de se desdobrar em duas neste livro. Veronica Randall fez o copidesque do livro com todo o cuidado e a dedicação de sempre. Rick Wilson, da Berrett-Koehler, foi paciente e apoiador no design e produção do livro. Brad Greene, o *designer* do livro, deu uma valorizada nele com seu espírito aventureiro. Finalmente, agradeço a Maggie Rogers por ter me apoiado e apoiado meu trabalho, permitindo que minha escrita ganhasse forma, especialmente neste livro.

Sumário

▼

A transformação surge mais

na busca de perguntas profundas do

que na procura de respostas práticas.

o que
importa

introdução: agindo de acordo com o que importa

Há um aspecto profundo na pergunta "Como faço isso?" que vale a pena ser explorado. A pergunta é uma defesa contra a ação. É um salto para além da questão do propósito, para além da questão das intenções, para além do drama da responsabilidade. A pergunta "Como?" – mais do que qualquer outra – procura pela resposta fora de nós. É uma forma indireta de expressarmos nossas dúvidas...

"Escolhendo Liberdade, Serviço e Aventura"
— Peter Block, *Stewardship* (p. 234)

Há algo na persistente pergunta *Como?* que expressa o dilema de cada pessoa entre confiar em sua capacidade de viver uma vida com propósito ou render-se às exigências de ser prático. É totalmente possível passarmos nossos dias envolvidos em atividades que nos permitem funcionar bem e alcançar nossos objetivos, e ainda assim nos perguntarmos se estamos realmente fazendo alguma diferença no mundo. Minha premissa é que esta cultura, e nós como membros dela, nos rendemos fácil demais ao que é viável, prático e popular. Nesse processo, desistimos de procurar o que dita nosso coração. Nós nos descobrimos cedendo às dúvidas e nos contentando com o que sabemos fazer, ou podemos logo aprender como fazer, em vez de ir atrás do que importa mais e de conviver com a aventura e ansiedade que isso implica.

A idéia de que perguntar como fazer algo pode ser um obstáculo mais do que um facilitador foi o encerramento do meu livro de 1993, *Stewardship: Regência/Gerência*. No capítulo final, há a sugestão de que o *Como?* é um símbolo de nossa cautela e reforça a crença de que não importa qual seja a pergunta, há uma resposta lá fora de que eu preciso e que fará a diferença. Escolhi, como símbolo, a pergunta *Como?* simplesmente porque com certeza é aquela que escuto com mais freqüência. Sempre me impressionou o fato de poder escrever ou falar sobre as idéias mais radicais imagináveis. Posso defender a revolução, o fim da liderança, a abolição das avaliações mútuas, o auto-investimento de poder (empowerment) do menor de nós, o fim da vida no planeta como a conhecemos, e ninguém discute comigo. As únicas perguntas que ouço são "Como chegar lá a partir daqui? Onde isso já funcionou? Quanto custaria e qual seria o retorno do investimento?" Isso me levou a crer que as perguntas *Como?* são mais interessantes do que qualquer resposta para elas. Elas representam preocupações mais profundas. Então, neste livro, o ponto de partida é questionar as perguntas.

O que vale a pena fazer

Muitas vezes evitamos perguntar se algo vale a pena ser feito, indo direto para a pergunta "Como fazemos isso?" Na verdade, quando acreditamos que algo realmente não vale a pena ser feito, ficamos especialmente ansiosos em começar a perguntar *Como?*. Podemos examinar por vários ângulos o que vale a pena fazer: como indivíduo, posso me perguntar se sou capaz de ser eu mesmo e de fazer o que quero e ainda conseguir ganhar meu sustento; para uma organização, posso perguntar em nome do que esta organização existe e se ela existe para cumprir algum propósito maior do que sobreviver e ser economicamente bem-sucedida; como sociedade, será que trocamos o senso de comunidade e de engajamento cívico pelo de bem-estar econômico e pelo atendimento de nossas ambições particulares?

Muitas vezes, quando uma discussão é dominada por perguntas *Como?*, nos arriscamos a supervalorizar o que é prático e viável e a postergar questões de propósito mais amplo e bem-estar coletivo. Com a pergunta *Como?* nos arriscamos a aspirar a objetivos que são definidos pela cultura e pelas instituições, à custa de perseguir propósitos e intenções que brotam de nosso interior.

Se estamos realmente comprometidos com a busca do que importa, pode ser bom deixar a pergunta *Como?* de molho por algum tempo. Há uma metáfora que ouvi pela primeira vez de Jim Walker, um executivo voltado para mudanças e uma boa pessoa, que foi colocado no comando de um negócio turbulento da AT&T alguns anos atrás. Ele costumava perguntar: "O que você faz quando percebe que está em um buraco?" Sua resposta era: "A primeira coisa a fazer é parar de cavar". Isso ficou na minha memória. A maior parte do tempo, quando algo que estou tentando fazer não funciona, simplesmente tento com mais intensidade. Se estou tentando controlar um negócio, um projeto ou um relacionamento e estou falhando, continuo fazendo obstinadamente aquilo que não está funcionando.

Se concordássemos em não perguntar *Como?* por seis meses, algo em nossas vidas, nossas instituições e em nossa cultura poderia mudar para melhor. Isso nos forçaria a falar sobre por que fazemos o que fazemos, como indivíduos e instituições; criaria um espaço para discussões mais longas sobre o propósito, sobre o que vale a pena fazer; mudaria o foco de nossa atenção para decidir qual é a pergunta certa, em vez de qual é a resposta certa.

Isso também nos forçaria a agir como se já soubéssemos como – apenas precisaríamos descobrir o que vale a pena fazer. Isso daria prioridade à intenção, e não à velocidade. Em algum momento descobriríamos a pergunta correta ou nos cansaríamos de procurá-la, e então seríamos levados a uma ação significativa, apesar de nossas incertezas e de nossa cautela quanto a estarmos errados. Isso nos ajudaria a agir agora, em vez de esperar a hora certa e o mundo estar preparado para nós. Poderíamos colocar nosso desejo por segurança de lado e, em vez disso, ver a vida como um experimento cheio de propósito, cuja intenção é mais o aprendizado do que a realização e mais voltada para o relacionamento do que para o poder, a velocidade ou a eficiência.

> Isso poderia transformar o não saber em uma condição aceitável da nossa existência em vez de um problema a ser resolvido, e poderíamos nos dar conta de que o verdadeiro serviço e a verdadeira contribuição surgem mais da escolha de um destino digno do que de limitarmo-nos a fazer apenas aquilo que sabemos que dará certo.

O *como?* do *por quê?*

Este livro é uma discussão sobre o que é necessário para viver a vida em busca do que importa. É um esforço para garantir que vale a pena fazer aquilo que já fazemos bem e com eficácia. O livro também levanta a questão "O que estamos esperando?" A essa altura, já estamos imersos no desenvolvimento de visões, no uso da imaginação orientada e na concretização das possibilidades. Tivemos mentores e guias e fomos mentores e guias para outros. Portanto, se ainda estamos esperando por mais conhecimento, mais habilidades, mais apoio do mundo à nossa volta, então estamos esperando demais.

Diante do desafio de descobrir o que nos importa, e de atuar com base nisso, devemos ser gentis conosco. Vivemos em uma cultura que esbanja todas as suas recompensas no que funciona, uma cultura que parece valorizar o que funciona mais do que aquilo que importa. Eu estou usando a frase "o que funciona" para tentar expressar o nosso amor pelo que é prático e nossa atração pelo que é concreto e mensurável. A frase "o que importa" é uma forma abreviada de falar de nossa capacidade de sonhar, de resgatar nossa liberdade, de sermos idealistas e de dedicar nossas vidas a essas coisas que são vagas, difíceis de medir e invisíveis. Agora, você pode dizer que o que realmente importa mais para você são as coisas mensuráveis, concretas e que de fato "funcionam". Eu não discutiria com você, mas insistiria para que pensasse em como o fato de nos concentrarmos rápido demais e exclusivamente no que funciona pode ter o efeito de nos desviar de nosso propósito maior e do sentido de viver em totalidade a vida que sonhamos. Em outras palavras, meu desejo é que troquemos o que sabemos como fazer pelo que significa mais para nós.

Como? A declaração

Em qualquer de suas centenas de variações, quando perguntamos *Como?* na verdade estamos fazendo uma afirmação: o que nos falta é a ferramenta certa. A metodologia certa. Somos mecânicos que não conseguem achar a chave inglesa certa. A pergunta *Como?* não apenas expressa dúvida sobre sabermos ou não o suficiente e sermos ou não o suficiente; ela também afirma a crença de que a pergunta *Funciona?* é definitiva, uma fonte essencial de nossa identidade.

A pergunta afirma que nós, como cultura, e eu, como ser humano, estamos fundamentalmente destinados a fazer coisas.

Se algo não tem utilidade, se não funciona, então o consideramos uma limitação. A bem da verdade, as conversas, sonhos, reflexões, sentimentos e outros aspectos de nossa condição humana são considerados tempo improdutivo em muitas organizações.

Agora, isso não é realmente um argumento contra a pergunta *Como?* É, mais exatamente, o argumento de que há perguntas mais importantes, e que o *Como?* deve ser perguntado mais tarde e não mais cedo. Às vezes ficamos tão ansiosos por chegar mais rápido na parte prática que nos limitamos. Ficamos aprisionados em nossa crença de que não sabemos como, e por isso precisamos continuar fazendo a pergunta. Além disso, em nossa busca por ferramentas, nos tornamos o que procuramos: uma ferramenta. Nós nos reduzimos a seres basicamente pragmáticos e utilitários.

De quantas respostas precisamos?

A parte realmente interessante sobre o *Como?* é que estamos fazendo uma pergunta para a qual já temos a resposta. Na verdade, temos uma grande variedade de respostas porque estamos perguntando *Como?* há muito tempo. Temos colecionado respostas por anos, e ainda assim continuamos fazendo a pergunta.

Estamos andando em círculos porque, embora continuemos a perguntar *Como?*, temos de pensar no que fazer com as respostas que estamos conseguindo. Não importa quantas respostas conseguimos, muitas vezes decidimos não colocá-las em prática, e, quando o fazemos com uma delas, o que conseguimos? O problema está na natureza da pergunta.

> Toda vez que tentamos colocar em prática uma resposta para a pergunta *Como?*, nós falhamos porque, em primeiro lugar, essa pergunta não era a certa e, em segundo, a resposta vem da experiência de outra pessoa e não da nossa. É difícil viver a resposta de outra pessoa, mesmo que tenha sido oferecida com boa vontade.

O controle na balança

Uma maneira de entender o significado da pergunta *Como?* é considerá-la uma expressão do nosso desejo de controle e previsibilidade. Esse é o ponto atraente da pergunta. Pensamos que podemos encontrar controle e previsibilidade no domínio, no conhecimento e na certeza de fazer algo do jeito certo. Não do nosso jeito, não de um jeito qualquer, mas do jeito certo. Pensamos que há um jeito certo, que outra pessoa sabe qual é, e que nossa tarefa é descobrir esse jeito. E o mundo conspira a favor dessa ilusão, pois ele quer nos vender uma resposta. Nós perguntamos "Como?" e o mundo responde: "Desse jeito".

Embora haja muitos valores positivos no nosso desejo por ações e resultados concretos, ele não garante que o que estamos fazendo sirva ao nosso propósito superior, nem serve para criar um mundo no qual possamos acreditar – em outras palavras, um mundo que importa. Portanto, a busca do *Como?* pode nos levar a evitar perguntas mais importantes, tais como se o que estamos fazendo é importante para *nós*, ou é importante para *os outros*. Embora criemos valor quando perseguimos o que é importante para os outros, é diferente de fazer o que é importante para nós.

Se saber *Como?* nos oferece a possibilidade de mais controle e previsibilidade, temos de sacrificá-los para perseguir o que importa. A escolha de nos preocuparmos com o porquê de estarmos fazendo algo mais em vez de como fazemos algo, é um negócio arriscado. É arriscado para nós como indivíduos, para nossas organizações e para a sociedade.

Escolher agir de acordo com "o que importa" é escolher viver uma existência apaixonada, na qual nada é controlado ou previsível.

Agir de acordo com que importa é, no fundo, uma postura política, através da qual declaramos que nos responsabilizamos pelo mundo à nossa volta e estamos dispostos a ir atrás daquilo que definimos como importante, independentemente de isso representar uma demanda ou ter valor de mercado.

Dar prioridade ao que importa é preferir o caminho do risco e da aventura, mas eu também acredito que as instituições e a cultura que nos rodeiam estão esperando que as transformemos em uma expressão mais completa de nossos desejos. Temos o potencial para recuperar e vivenciar nossa liberdade e para deixar nossa impotência para trás. Temos a capacidade de experimentar uma ligação íntima com outras pessoas e tudo com que entramos em contato, em vez de sentir que existimos em relacionamentos instrumentalizados e gerados por barganhas. Também temos a capacidade e a maturidade para viver uma vida de serviço e engajamento, em vez de buscarmos apenas concessões e interesses pessoais míopes.

Mas eu estou me adiantando. Quero começar discutindo quais são as implicações maiores da preocupação excessiva com o que funciona e do como fazer as coisas. O que está em risco não é apenas a qualidade da nossa experiência, mas também a qualidade das nossas instituições e comunidades. A preocupação primária aqui é com o mundo que criamos coletivamente, pois quando nos comprometemos a expor nossos eus profundos, somos transformados pelo ato de criar algo juntos e que não podemos criar sozinhos. Portanto, qualquer discussão a respeito de agir de acordo com o que importa tem de incluir uma discussão sobre nossas organizações e comunidades. É nesses cenários que descobriremos quem somos. Se pudermos criar maneiras alternativas de ser quando estamos organizados em torno de um propósito, isso terá um impacto sobre a maneira com que nos administramos em todos os outros aspectos de nossa vida.

O que realmente importa

A intenção deste livro não é tentar convencê-lo da essência do que importa. Ele é, antes de mais nada, uma discussão sobre o que seria necessário se de fato fôssemos agir de acordo com aquilo que consideramos importante. Ele ajuda a perceber a diferença entre nossas crenças do que torna pessoas e organizações eficazes e a maneira como abordamos a realização dessas crenças. Este livro é a respeito dos meios para agir de acordo com nossas crenças. É sobre como perceber qual modelo de organização eficaz acreditamos ser verdadeiro.

Cada um de nós desenvolveu um modelo de como tornar o mundo melhor, ou ao menos, de como tornar uma organização melhor. Aqui estão alguns exemplos:

1. **Visão, propósito claro e metas comuns são essenciais.** Vivemos no seio do futuro que imaginamos, e a tarefa é nos mantermos concentrados nessa visão e deixar que ela seja o contexto para todas as nossas ações.
2. **Precisamos de ferramentas eficazes e de habilidades para resolver problemas.** Quando temos as ferramentas, temos a capacidade de concretizar nossas intenções.
3. **Participação e empowerment são fundamentais.** Igualmente o são um alto envolvimento e uma alta colaboração. As pessoas trabalham melhor quando têm influência sobre seu local de trabalho e agem como seus donos.
4. **Precisamos de estruturas flexíveis e sistemas de informação sofisticados para dar suporte aos processos de trabalho que sejam compatíves com a tarefa e a missão.** Estruturas mais ágeis e interfuncionais, assim como acesso fácil a informações corretas no momento certo, criam a capacidade de satisfazer com rapidez exigências mutáveis.
5. **A liderança é a chave.** Precisamos de líderes intuitivos, voltados para o serviço e visionários para dar o tom e servir de exemplo para aqueles que eles lideram. Eles precisam ser modelos de conduta para a mudança que querem ver acontecer.
6. **Habilidades pessoais eficazes, bons hábitos de trabalho e um comportamento que sirva ao mesmo tempo como automotivação e apoio para os outros são necessários.** Habilidades comportamentais e competências relevantes fazem a diferença.
7. **Precisamos de organizações de aprendizado, lugares onde as pessoas tenham apoio para falhar, para questionar seus modelos mentais, e para experimentar novos modos de ação.**

8. **Organizações são lugares para colocar em prática nossos valores espirituais e humanos.** Precisamos nos transportar por inteiro para o trabalho, onde criamos um ambiente ético que valoriza as pessoas tanto quanto os resultados.

Todos esses modelos têm sido populares nos últimos anos. O interessante é que eles são todos verdadeiros. Ponto. Cada um é uma expressão válida daquilo que cria ambientes de trabalho e vidas mais eficazes. Todos são importantes, e podemos citar exemplos em que cada uma dessas posturas fez a diferença. Dessa forma, todas são declarações válidas sobre o que queremos mudar no mundo, ao menos no âmbito da vida organizacional. Embora essas abordagens sejam bastante diferentes, não há sentido em discutir qual delas tem mais valor do que as outras. Se queremos debater qual abordagem é melhor, estamos apenas querendo controlar o que acontece, e não buscando entendimento. Dessa maneira, as diferenças entre elas não importam realmente. Praticamente qualquer caminho servirá.

O que importa é a maneira como seguimos qualquer um desses modelos. A forma como agimos para trazer esses modelos para a realidade nos conduz a um nível mais profundo, que tem a ver com nossos valores individuais. Cada um de nós é atraído por um conjunto específico de valores que se derivam de quem somos. Viver nossos valores na busca de nosso modelo organizacional preferido é o que mais importa. Se perguntarmos diretamente, vamos verificar que um determinado conjunto de valores repercute de maneira única em cada pessoa. Considere as palavras:

Amor
Liberdade
Compaixão
Fé em um Ser Supremo
Integridade
Igualdade
Colaboração
Justiça
Reconciliação
Criatividade
Preocupação com a Próxima Geração

Valores como esses são declarações mais profundas do que realmente nos importa. Eles também são o que nos conecta mais profundamente uns com os outros e ao mundo que criamos. Eles se derivam de nossa própria experiência de vida, especialmente de nossas feridas. De certo modo, eu desejo criar um mundo que resolva para os outros aquilo com que me debati tanto.

Eu não escreveria tanto sobre liberdade se não tivesse me sentido tão coagido. O interessante sobre os valores é que eles são todos verdadeiros e nobres. Não há o que discutir aqui. Nunca ouvi um valor humano de que eu não gostasse. Assim como no caso dos modelos de eficácia organizacional, quando alguém discute sobre os "valores", isso é um pretexto para buscar controle, para impor suas crenças aos outros.

A visão de onde estamos

O desafio no que diz respeito aos valores não é o de negociar qual deles é mais importante, mas agir de acordo com eles. A sensação de estar vivo surge quando agimos de acordo com nossos valores e encontramos uma maneira de aplicar, no mundo, o nosso modelo ou estratégia para criar melhores organizações e comunidades.

O que quero explorar é o que é exigido de nós para que possamos fazer isso. Este livro entrelaça várias linhas paralelas de pensamento. Ele é uma mistura de idéias sobre aquilo com que nos defrontamos e aquilo que é exigido de nós para agirmos de acordo com nossos valores. Às vezes superestimamos os modelos e valores e subestimamos a dificuldade de chegar lá. Quero explorar por que é tão difícil encarnar ou realizar o que sabemos que é verdade. Aqui está um breve resumo da maneira como esta discussão se desenvolve.

Parte **1** *a pergunta*

Os primeiros três capítulos são sobre a importância de acertar na pergunta. Um grande obstáculo para agir de acordo com o que importa é fazer perguntas de metodologia cedo demais. Eu simbolizei isso ao me concentrar de maneira obsessiva na pergunta *Como?* Não é que nossas pragmáticas perguntas *Como?* não sejam válidas. O problema é que, quando elas definem o debate, somos desviados de considerar nossos valores mais profundos – além disso, perguntar *Como?* é a defesa favorita contra a ação. Tem-se escrito bastante sobre a busca de significado e, por vezes, achamos que basta saber o que importa. Que nossos sonhos irão se realizar se simplesmente continuarmos a sonhá-los. Nem sempre é assim. O que precisamos é de uma maneira profundamente diferente de ver e agir de acordo com as possibilidades. Acertar a pergunta é o primeiro passo.

Parte **2** *três qualidades*

Os capítulos 4, 5 e 6 exploram três aspectos da condição humana que apóiam nossa busca pelo que importa: o idealismo, a intimidade e a profundidade. Essas qualidades são apresentadas como pré-requisitos para agir de acordo com os nossos valores, intenções, desejos. Elas representam uma mudança em nossa mentalidade, são a base da qual somos lançados para a ação. Elas são parte do trabalho duro, do exercício e da dieta necessários para conviver com os riscos de perseguir o que mais nos importa. Os temas implícitos aqui são o poder da cultura e a escolha de resgatar nosso idealismo em um ambiente materialista, de restabelecer uma intimidade com o que nos rodeia, e de encontrar profundidade em um mundo que se satisfaz com uma remodelação rápida.

Parte **3** *as exigências*

Nossa cultura não é organizada para apoiar desejos idealistas, íntimos e mais profundos. Ela é organizada para reforçar o comportamento instrumental. Se pudermos entender a natureza da cultura, ganharemos algumas escolhas frente a ela. A Parte 3 leva a discussão a respeito de agir de acordo com o que importa para o local de trabalho. Ela expande a discussão do que nos importa como indivíduos para preocupações mais coletivas. Ela muda o nosso foco do que importa para mim para o que importa para nós.

Parte **4** *arquitetura social*

Os capítulos finais mergulham mais fundo no que temos de enfrentar quando queremos agir de acordo com o que importa na arena coletiva e institucional. A Parte 4 começa com uma exploração detalhada da instrumentalização da cultura e dos arquétipos do engenheiro, do economista, do artista e do arquiteto. O engenheiro e o economista representam as mentalidades que dominam a cultura. A mentalidade do artista está cada vez mais ausente de nossos espaços de trabalho. A mentalidade e o papel do arquiteto social são uma maneira de integrar os talentos do engenheiro, do economista e do artista. A idéia aqui não é definir exaustivamente o papel ou o trabalho do arquiteto social. Antes, a arquitetura social é uma imagem, um papel que cada um de nós ajuda a criar, para agir de acordo com o que importa em harmonia com os indivíduos à nossa volta.

Parte **1**

a pergunta

Comecemos pelos custos de perguntar *Como?* rápido demais ou com muita ansiedade. Quando perguntamos como fazer algo, isso expressa nosso viés a favor do que é prático, concreto e imediatamente útil, muitas vezes à custa de nossos valores e idealismo. A pergunta pressupõe que não sabemos, e isso se torna por si só uma defesa contra a ação. Esta seção salienta a importância de acertar na pergunta e prestar muita atenção à natureza do debate.

Acertar na pergunta pode ser a coisa mais importante que podemos fazer. Nós definimos nosso diálogo e, em um certo sentido, nosso futuro por meio das perguntas que escolhemos fazer. Errar na pergunta nos coloca no dilema do filósofo: nós nos tornamos o homem cego em um quarto escuro que procura por um gato preto que não está lá.

1

como?

como? é a pergunta errada. *Como?* não é apenas uma pergunta, mas uma série de perguntas, uma família de perguntas. É a predominância dessa família de perguntas que cria o contexto para muito do que fazemos.

Como? é mais urgente sempre que procuramos por uma mudança, sempre que vamos atrás de um sonho, uma visão, ou quando determinamos que o futuro precisa ser diferente do passado. Ao invocar uma pergunta *Como?*, definimos o debate sobre as mudanças que temos em mente e, desse modo, criamos uma série de limitações à forma como abordamos a tarefa. Isso, por sua vez, influencia a forma como abordamos o futuro e determina que tipo de instituições nós criamos e habitamos. Eu quero, primeiro, identificar seis perguntas que são sempre razoáveis, mas que, quando formuladas cedo demais e interpretadas de maneira muito literal, podem adiar o futuro e nos manter encarcerados em nossa maneira atual de pensar.

Pergunta Um: **Como você faz isso?**

Essa é a pergunta *Como?* em sua forma mais básica e útil na maioria das situações. Ela parece suficientemente inocente, e de fato *é* inocente, pois, quando faço essa pergunta, assumo a postura de que os outros sabem, eu não. Eu sou o aluno, eles os professores. A pergunta carrega em si a crença de que o que eu quero está logo ali virando a esquina; tudo que me impede de virar essa esquina é que me faltam informações ou alguma metodologia. O que essa pergunta ignora é que a maioria das perguntas importantes com que nos deparamos é paradoxal por natureza. Um paradoxo é uma pergunta que tem muitas respostas certas, e muitas das respostas parecem entrar em conflito umas com as outras. Por exemplo, "Como tornamos as pessoas responsáveis?" Bem, a verdadeira responsabilização deve ser escolhida. Mas se esperamos que as pessoas escolham responsabilizar-se, e elas se recusam a isso, não precisamos torná-las responsáveis? Se criamos sistemas de fiscalização para garantir isso, o que estamos conseguindo: responsabilização ou obediência?

As perguntas paradoxais que nos levam para aquilo que mais nos importa são as perguntas familiares, persistentes e complicadas sobre nossas vidas, individual ou organizacionalmente, que nos desafiam a obter soluções claras. Todos queremos saber para que fomos colocados no mundo, que caminho é o melhor para nós, como manter relacionamentos íntimos de longa duração, como educar um filho, como criar uma comunidade. No trabalho, tentamos mudar a cultura, aumentar o desempenho, encontrar e manter ótimas pessoas, lidar com o fracasso, desenvolver líderes, prever para onde vai o nosso negócio, ser socialmente responsáveis. Essas são as questões maiores, mas as pequenas também são difíceis: Onde devo passar este dia? Para onde foi o tempo? Essa reunião é sobre o que mesmo? Por que esse projeto só está respirando com a ajuda de aparelhos? Onde posso achar uma refeição saudável? Por que não chego em casa às 6 horas da tarde?

Podemos procurar métodos e técnicas para responder a essas perguntas ou podemos apreciar sua profunda complexidade. Podemos admitir a possibilidade de que, se houvesse uma resposta metodológica, nós já a teríamos encontrado. Podemos aceitar a possibilidade de que o diálogo e o embate com a pergunta carreguem uma promessa de solução mais profunda. Talvez, se realmente entendêssemos o que a pergunta acarreta, se a abordássemos como um filósofo e não como um engenheiro, isso nos levaria à mudança ou ao aprendizado que buscamos.

O verdadeiro risco da pergunta "como fazer isso?" é fazê-la cedo demais. Ela disfarça perguntas de propósito mais profundo, implica que toda pergunta tem resposta, e ignora se nossa questão inicial é ou não a certa. A pressa em responder a um *Como?* gera o risco de pular a profunda pergunta: Vale a pena fazer isso? E contorna o igualmente difícil corolário de questões: Isso é algo que eu quero fazer? Isso é uma pergunta minha, que importa para mim? Ou é uma pergunta, ou discussão, que foi definida por outros? E, se foi decidida por outros, tenho o direito de dizer não a essa exigência? Aqui está mais uma questão que precede a metodologia: por que ainda estamos fazendo essa pergunta?

Você pode dizer que essa linha de indagação mais profunda leva tempo demais, que ela pode nos impedir de tomar ações decisivas. Bem, deixe de lado essa preocupação por um momento, porque é exatamente ela que nos mantém operando dentro de limites que não nos servem bem.

Pergunta Dois: **Quanto tempo isso vai levar?**

Vivemos em uma cultura de velocidade, ciclos de curta duração, gratificação instantânea, *fast food* e ação rápida. Por isso a pergunta *Quanto tempo?* é importante. Por que não podemos querer tudo agora? *Quanto tempo?* – como as outras perguntas – faz sua própria declaração: se leva muito tempo, a resposta provavelmente é não. Ela implica que a mudança ou melhoria precisa acontecer de maneira rápida, quanto mais rápido melhor. Dessa forma,

a pergunta Quanto tempo? nos conduz a ações que simplificam demais o mundo.

Se acreditamos que quanto mais rápido melhor, escolhemos estratégias que possam ser colocadas em prática rapidamente. Como indivíduos, preferimos perder peso dando um jeitinho com pílulas emagrecedoras a percorrer o processo mais lento e exigente de mudar uma vida inteira de hábitos alimentares e exercícios.

De maneira semelhante, no local de trabalho escolhemos estratégias de mudança que possam ser colocadas em prática agora. Queremos mudanças que ocorram em dias, semanas ou meses, não em anos. Esse é um dos atrativos das tentativas de mudar a cultura por meio de mudanças na estrutura, de recompensas pela renovação, e da instituição de programas curtos e universais de treinamento de comportamentos específicos. Essas são ações concretas e que podem levar a decisões, com possibilidade de execução instantânea. A mudança por meio do diálogo e da participação de todos é rejeitada.

O efeito mais importante da pergunta *Quanto tempo?* é que ela nos conduz a respostas que se encaixam no critério da velocidade. Com ela, corre-se o risco de impossibilitar estratégias mais lentas e poderosas, que estão mais de acordo com o que sabemos sobre aprendizado e desenvolvimento. Tratamos a urgência como uma droga para melhoria do desempenho, como se a velocidade pudesse apressar a mudança, apesar da evidência de que a transformação verdadeira requer mais tempo do que imaginamos.

Pergunta Três: **Quanto custa?**

A pergunta sobre o custo é prima em primeiro grau da pergunta sobre o tempo. Em vez de gratificação instantânea, buscamos uma benção sem contrapartida de mérito. A pergunta declara que, se o preço for alto, isso será um problema. Ela incorpora a crença de que podemos atingir nossos objetivos, ter a vida e as instituições que desejamos e conseguir tudo isso com desconto. Ela carrega a mensagem de que sempre queremos fazer tudo pelo menor preço, não importa quão ricos sejamos. Para muitos assuntos, tudo bem. Quando lidamos com bens e serviços tangíveis, o custo deve conduzir a discussão.

A pergunta sobre o custo, no entanto, também domina a discussão de questões menos suscetíveis à determinação econômica. No trabalho, há preocupações com a segurança, com o ambiente, com o tratamento de pessoas; esses são assuntos muito mais complexos e vastos do que vender um produto. Quando colocamos o custo em primeiro plano, estamos monetarizando uma série de valores, e fazemos isso sob grande risco. Em um encontro regional do National Forest Service de que participei, um subgrupo achou que os serviços e atividades oferecidos pelo NFS, tais como educação e recreação ao ar livre, assim como seu uso comercial, deveriam ter seu custo definido individualmente para criar um mercado válido e poder decidir quanto apoio financeiro era necessário para cada um. Em jogo, no entanto, estavam perguntas mais difíceis: De quem são essas florestas? Se as pessoas não têm dinheiro para pagar, elas não devem ter acesso a terras públicas? Além disso, que impacto o que representava essencialmente uma comercialização de terras florestais teria sobre a meta de preservá-las?

Não importa qual seja nossa postura pessoal frente ao assunto, quando nos concentramos exclusivamente e cedo demais no custo, tolhemos nossa capacidade de agir de acordo com certos valores. Nós valorizamos as pessoas, a pátria, a segurança, e nunca é eficiente ou barato agir de acordo com esses valores. Não existe essa coisa de benção sem merecimento. Quando consideramos o custo cedo demais ou fazemos dele nossa preocupação exclusiva, acabamos ditando como nossos valores serão traduzidos em ação, já que as escolhas de alto custo serão eliminadas antes de começarmos.

Como indivíduos, afetamos nossas famílias e a comunidade na qual vivemos por meio de como tratamos a questão do custo. Nós votamos na cultura que queremos pela maneira que escolhemos para controlar os gastos. Quando compramos nas superlojas para economizar dinheiro, tornamos difícil a sobrevivência dos pequenos negócios. Quando votamos a favor da redução de impostos, colocamos uma tensão insuportável na educação local e nos serviços do governo.

A pergunta "quanto vai custar?" coloca o economista à cabeceira da mesa. Queremos que o economista esteja conosco à mesa, mas até que ponto queremos que ele domine a discussão? Quando a questão do custo aparece cedo demais, nos arriscamos a sacrificar o que mais nos importa em nome da economia.

A desculpa mais comum para fazer as coisas em que não acreditamos é que o que realmente queremos leva tempo demais ou é muito caro.

Pergunta Quatro:
Como fazemos para essas pessoas mudarem?

Essa é a pergunta do poder. Há varias maneiras de posicioná-la:

"Essas pessoas" precisam mudar para o bem da organização, elas precisam mudar para seu próprio bem, para o bem da família, em prol da próxima geração, em prol da sociedade. Aqui estão alguns exemplos de como fazemos para vincular o futuro que desejamos à transformação de outra pessoa:

- **Em casa:** Como se faz para que as crianças participem da limpeza, estudem mais, mostrem respeito, ou qualquer outra coisa. Como você faz para que seu filho ou filha preste atenção, consiga um emprego, demonstre amor, fique em casa...

- **No trabalho:** Como se faz para que a alta gerência faça as coisas que prega, trabalhe em conjunto, seja exemplo de conduta, mande uma mensagem, saiba que estamos aqui... etc.

- **No mundo:** Como se faz para que outra cultura seja tão batalhadora quanto a americana, consuma mais, economize mais, viva os valores da corporação norte-americana... em resumo, para que seja mais parecida com a nossa.

Podemos dizer que queremos que os outros mudem por boas razões. Mas não importa como colocamos a questão, é sempre um desejo de controlar os outros. Ao fazer a pergunta, nos colocamos como alguém que sabe o que é melhor para os outros.

Em todos os anos em que estive dando consultoria e realizando workshops educacionais, essa é a pergunta mais comum de abertura. A maioria dos contratos de consultoria é realizada com a meta de mudar o comportamento de outras pessoas. Você ouve constantemente seus clientes perguntarem: "Como fazemos para essas pessoas subirem a bordo?" – como se nós estivéssemos no barco e elas não. Queremos recrutar pessoas, alinhar pessoas, fazê-las entrar no ritmo, motivá-las, transformá-las e, por fim, nos livrarmos de quem está atrapalhando.

O desejo de fazer com que os outros mudem também está vivo e passa bem em nossas vidas pessoais. Se pelo menos o outro aprendesse, amadurecesse, fosse mais flexível, expressasse mais sentimento ou menos sentimento, carregasse mais cargas ou fosse mais vulnerável, nosso relacionamento melhoraria. A maioria de nós começa a terapia reclamando sobre o comportamento de pais, parceiros, colegas de trabalho, filhos. Embora nossa reclamação se apresente como um desejo de ajudá-los, na realidade estamos expressando nosso desejo de controlá-los.

Podemos descrever o comportamento dos outros de forma precisa, mas essa não é a questão. A questão é: nosso foco "nessas pessoas" é uma defesa contra nossa própria responsabilidade. A pergunta "Como fazemos para essas pessoas mudarem?" nos afasta da tarefa de escolher o que queremos ser e de nos responsabilizarmos pela criação de nosso próprio ambiente. Não podemos mudar os outros, podemos apenas aprender sobre nós mesmos. Mesmo quando somos responsáveis por funcionários ou filhos, renunciamos à nossa liberdade e capacidade de construir o mundo em que vivemos quando nos focamos na mudança *deles*.

Ninguém muda como resultado de nossos desejos. Na verdade, eles resistirão a nossos esforços para mudá-los simplesmente pelo aspecto coercitivo da interação. As pessoas resistem à coerção de maneira muito mais incansável do que resistem à mudança. Cada um de nós tem vontade própria em seu âmago, então, quer você goste ou não, os outros escolherão mudar mais facilmente devido ao exemplo demonstrado por nossa própria transformação do que por qualquer exigência que façamos. Para nos afastarmos do espírito de coerção, trocamos a pergunta "Como fazemos para essas pessoas mudarem?" por "Que transformação é necessária em mim?" Ou: "Que coragem é exigida de mim nesse momento?" Quando mudamos o foco para as nossas próprias ações, também temos de ter cuidado em não fazê-lo com uma pergunta *Como?* Isso não é uma questão de metodologia, é uma questão de vontade e intenção. E quando nos perguntamos honestamente sobre nosso papel na criação de uma situação que nos frustra e deixamos de perguntar qual é o papel dos outros, o mundo ao nosso redor se transforma.

Pergunta Cinco:
Como medimos isso?

Essa pergunta declara: "Se não podemos medir alguma coisa, ela não existe". Ou, parafraseando Descartes: "Eu posso medir isso, logo isso existe". O engenheiro em nós precisa de um teste para confirmar o conhecimento, uma régua para marcar a distância, um relógio para demonstrar o tempo. Queremos precisamente saber como medir o mundo. Queremos saber como estamos indo. Queremos saber onde estamos. Mas a pergunta da medida deixa de nos ajudar quando achamos que a medida é tão essencial para o ser que apenas nos aventuramos em empreendimentos que podem ser medidos.

Muitas das coisas que mais importam desafiam a capacidade de mensuração. Quando entramos no domínio da natureza humana e das ações humanas, estamos em um terreno movediço se precisamos de resultados mensuráveis como condição para agir. Assim como as questões de tempo e custo, é a importância que damos à questão da medição que pode limitar o que é colocado em discussão. Um exemplo gritante é a avaliação dos estudantes na escola pública. Há muitas crianças cujas capacidades ou realizações não podem ser medidas por meio de testes padronizados. Sabemos disso, e algumas escolas estão desenvolvendo maneiras diferentes de ensinar e avaliar, mas nosso sistema educacional é cada vez mais guiado por uma mentalidade de testes de alto risco. Quando o teste torna-se o objetivo, os métodos de ensino e o currículo acabam sendo direcionados para se obter bons resultados nos testes. O aprendizado não relacionado aos testes torna-se secundário.

Nossa obsessão com a medição é na verdade uma expressão de dúvida. Ela é mais urgente quando perdemos a fé em algo. Tudo bem em ter dúvidas, mas nenhuma quantidade de medição consegue satisfazê-las. A dúvida, ou falta de fé, assim como na religião, não é fácil de ser apaziguada, nem por milagres, quanto mais pela reunião de evidências mensuráveis nos resultados.

Há também a questão sobre o uso que é feito da medição. Ela será usada para controle e supervisão ou para aprendizado? Ela se destina a um terceiro ou às pessoas envolvidas? O aspecto útil da medição é que ela nos ajuda a explicitar nossas intenções. O diálogo sobre medição é mais útil quando o aplicamos a nós mesmos. Precisamos simplesmente fazer a mudança sutil de "Como medir isso?" para a questão "Que medição teria significado para mim?" Ela dá início a uma discussão sobre o significado da atividade e o uso das medições que fazemos. Ela também impede que a medição seja usada como dispositivo de supervisão e a transforma em uma estratégia para apoiar o aprendizado.

A medição também é ardilosa porque pensamos que o ato de medir é, por si só, um dispositivo motivacional, e que as pessoas não farão o que não for institucionalmente valorizado por meio da medição. Isso reduz a motivação humana a uma dinâmica de causa e efeito. Implica que, se não temos uma resposta satisfatória para a questão da medição, nada será feito. Novamente, isso restringe o que fazemos e nos empurra para um mundo onde só realizamos aquilo que é previsível e controlável. Adeus imaginação e criatividade.

Pergunta Seis: **Como outras pessoas fizeram isso com sucesso?**

"Onde mais isso funcionou?" é uma pergunta razoável, dentro de limites. Ela é perigosa quando se torna uma declaração velada: se isso não funcionou bem em outro lugar, talvez não devamos fazê-lo. O desejo de tentar apenas o que já foi provado cria uma vida de imitação. Podemos declarar que queremos ser líderes, mas queremos ser líderes sem o risco da invenção. A pergunta "Onde mais isso funcionou?" nos leva a uma armadilha em espiral: se o que está sendo recomendado ou contemplado está, na verdade, funcionando em outro lugar, a próxima pergunta é se a experiência dessas pessoas é ou não relevante para nossa situação – a qual, sob um exame mais acurado, não é.

O valor da experiência dos outros é nos dar esperança, não nos dizer como proceder ou se devemos ou não seguir em frente.

Se a mudança que contemplamos tem algo a ver com seres humanos, mesmo o experimento mais bem-sucedido realizado em outro lugar tem de ser seriamente adaptado à nossa situação, sempre.

Isso não é para falar contra o *benchmarking*, mas para expressar os limites de que valor podemos de fato encontrar ao procurar, em outros lugares, pela maneira de proceder. A maioria das tentativas para transportar aperfeiçoamentos em sistemas humanos de um lugar para outro tem sido lucrativa para aqueles que fazem o transporte – os consultores –, mas raramente tem cumprido sua promessa para o usuário final. A reengenharia é um bom exemplo disso. As idéias por trás da reengenharia eram ótimas, mas sua ampla expansão por meio de propagandas agressivas por parte de alguns de seus adeptos iniciais de alto nível levou, na maioria dos casos (60-75%, de acordo com seus criadores), ao desapontamento e até à disfunção.

▼

Consideradas separadamente e formuladas no contexto certo, todas as perguntas *Como?* são válidas. Mas quando se tornam as perguntas fundamentais, as perguntas controladoras ou as perguntas delimitadoras, elas criam um mundo no qual a atenção operacional conduz o espírito humano. O terapeuta Pittman McGehee afirma que o oposto do amor não é o ódio, mas a eficiência. Esta é essência da propensão a instrumentalizar tudo ou de nosso viés a favor da ação, do controle e da previsibilidade. Embora ser prático seja fruto da cultura moderna, isso tem um preço e estamos pagando por ele. O preço do pragmatismo é seu jeito de nos desviar de valores mais profundos.

2

sim

sim é o que se deve dizer. A alternativa a perguntar *Como?* é dizer *Sim* – não literalmente, mas como um símbolo de nossa postura em relação à possibilidade de uma mudança mais significativa. Se as respostas para *Como?* não nos satisfizeram, talvez haja algo errado com a pergunta. As perguntas certas são sobre valores, propósito, estética, conexão humana e questionamento filosófico mais profundo. Para experimentar a plenitude de trabalhar e viver, precisamos estar dispostos a fazer perguntas que sabemos que não têm resposta. Quando perguntamos *Como?*, nos limitamos a perguntas para as quais é provável que haja resposta, e isso tem implicações importantes para tudo que nos importa.

O objetivo é equilibrar a vida que funciona com a vida que importa. O desafio é reconhecer que o simples fato de que algo funciona não significa que ele importa. A vida que importa pode ser captada na palavra *sim*. *Sim* é a resposta – se não a antítese – para o *Como?* O *Sim* expressa nossa disposição de reivindicar nossa liberdade e usá-la para descobrir o verdadeiro significado do compromisso, que é dizer *Sim* para causas que não fazem nenhuma oferta clara de retorno, é dizer *Sim* quando não temos o pleno domínio, nem a metodologia, para saber como chegar onde queremos. O *Sim* afirma o valor da participação, de nos colocarmos como atores e não espectadores de nossas próprias experiências. O *Sim* afirma a existência de um destino que vai além do ganho material, tanto para organizações como para indivíduos.

Para nos comprometermos a agir de acordo com o que importa, adiamos as perguntas *Como?* e as precedemos de outras que nos conduzem a mais perguntas, que possivelmente nos levem a mais perguntas ainda. É o fim para as respostas. De fato, as perguntas mais úteis são aquelas que carregam em si paradoxos, perguntas que reconhecem que cada resposta cria seu próprio conjunto de problemas. Aqui estão algumas perguntas *Sim* que nos atraem para o que importa.

Pergunta Um:
Que recusa eu tenho adiado?

O mito dominante em praticamente todo local de trabalho é que, se você diz *não*, você se dá mal. A única dúvida é saber se nossa relutância em dizer *não* é mais uma expressão de nossa cautela e incerteza ou é mais um traço da cultura em que trabalhamos.

Se não podemos dizer *não*, nosso *sim* não significa nada.

Quando percebemos, como Jung afirmou, que toda consciência começa com um ato de desobediência, dizer *não* abre a porta para perseguir nossos desejos. A recusa torna-se uma opção realista quando percebemos que dizer *não* é o início de uma conversa, não o fim. Podemos dizer *não* e a pessoa para quem trabalhamos dizer "Você tem de fazer isso". Tudo bem. Eu posso viver sem fazer as coisas do meu jeito, mas não posso viver sem acreditar que tenho o direito de recusar o que não faz sentido para mim. A inversão de "Que recusa eu tenho adiado?" é "Para o que eu disse *sim* sem realmente querer?" Ainda que eu quisesse dizer *sim* naquele momento, posso não querer fazê-lo agora – o que significa que tenho o direito de mudar de idéia, que é mais uma forma de expressão de nossa liberdade e aceitação de nossa humanidade. Máquinas são constantes, pessoas não – elas apenas tentam ser.

Aceitar a possibilidade de recusa significa que, quando finalmente dissermos *sim*, será um ato de escolha. Este é o teste mais claro para sabermos se estamos agindo segundo nossos instintos, de acordo com o que nos importa, ou se estamos internalizando as orientações dadas por outros. Isso não é um argumento contra seguir as orientações fornecidas por outros. É apenas um teste de tornassol: escolhemos livremente seguir essa orientação ou fizemos isso por obediência e medo de recusar? Embora possamos fazer a mesma coisa das duas maneiras, o contexto de nossa ação é tudo.

Pergunta Dois:
Que compromisso estou disposto a assumir?

Essa pergunta reconhece que, para a mudança ocorrer, será necessário que ela surja de minha própria escolha, não do investimento da instituição ou da transformação de outras pessoas. Qualquer projeto importante ou chamado pessoal exigirá mais de nós do que imaginamos a princípio. A irmã Joyce DeShano, que ocupa um cargo executivo em um grande grupo de cuidados com a saúde, entende o chamado melhor do que qualquer pessoa que eu conheça. Ela diz que o chamado vem de um lugar que não sabemos, que as exigências colocadas sobre nós serão maiores do que esperávamos e que, se soubéssemos o que nos estava reservado, nunca teríamos dito *sim*. Esses são testes excelentes para a busca do que importa.

A questão do compromisso declara que o investimento essencial necessário é o compromisso pessoal, não o dinheiro, não o consentimento de outras pessoas, não o alinhamento de forças convergentes que apóiam um resultado favorável. Para qualquer coisa que importa, o momento nunca é realmente o certo, sempre faltam alguns recursos, e as pessoas que afetam o resultado são sempre ambivalentes. Essas condições são a prova de que, se dissermos *sim*, é por nossa vontade e é importante para nós. Que dádiva!

Pergunta Três:
Qual é o preço que estou disposto a pagar?

Há um custo para perseguir o que importa, e o dinheiro é o menor deles. Ao agirmos de acordo com o que importa, estamos indo contra a cultura, e podemos desapontar aqueles à nossa volta que estão acostumados à nossa maneira de ser. Podemos começar um projeto com pouco apoio da gerência. Podemos iniciar discussões que ninguém mais quer ter. Podemos forçar nossa instituição a se preocupar com o meio ambiente, com a comunidade, com um novo serviço, com novas maneiras de administrar o desempenho. Tudo isso embute um risco, e está certo que será assim.

Apesar de sua retórica, a cultura não valoriza a ação independente. A cultura quer fazer a pergunta *Como?* e suas assemelhadas: Quanto isso custa? Quanto tempo isso leva? Onde mais isso funcionou? E podemos não ter boas respostas para essas perguntas. Quando, ao contrário, dizemos *Sim*, reconhecemos que agir de acordo com o que escolhemos nos custa algo, e que é isso o que valoriza a escolha. Se não houvesse preço para dizer *Sim*, para agir apesar de nossas dúvidas e metodologia escassa, a escolha que fizéssemos não teria significado.

Perguntar o preço que estamos dispostos a pagar também significa que, se falharmos, esperamos que haja conseqüências negativas. Esse é um aspecto da responsabilização: se não funcionar, não seremos recompensados. E por que deveríamos ser recompensados? Por que tentamos com afinco? Na verdade, não. O fato de que estar errado pode ser custoso também significa que, se tivermos sucesso, teremos adquirido uma certa margem de manobra para tentar de novo, talvez reconquistando um pouco mais de liberdade para agir e espaço para respirar.

Pergunta Quatro:
Qual é minha contribuição para o problema que me preocupa?

Essa pergunta é um antídoto para nossa impotência. Ela afirma que tivemos um papel na criação do mundo em que vivemos. Se acreditarmos que não tivemos parte na criação do que estamos enfrentando, no momento de pagar estaremos inocentemente livres de culpa – não foi erro nosso. Se decidimos escolher a liberdade, renunciamos à inocência e a trocamos pela culpa. Experimentamos a culpa de dizer *não* para um indivíduo ou organização e de dizer *sim* para o que importa. Ganhamos uma vida bem vivida e perdemos a inocência confortável de uma vida vivida parcialmente.

Essa pergunta também muda a natureza da responsabilização. Ela é uma alternativa a "sermos" responsabilizados, porque nos pede para escolhermos a responsabilidade. Quando nos sentimos paralisados e não agimos de acordo com o que importa, normalmente é porque nos definimos como não fazendo parte do problema. O que nos mantém paralisados é a crença de que alguém ou algo precisa ser mudado antes que possamos seguir em frente. Reconhecer o que fizemos para causar o problema nos livra da armadilha de uma existência instrumental. Essa pergunta também nos tira da platéia e nos coloca no palco. Afirmamos que não somos espectadores, mas sim atores, e que, em última instância, não temos ninguém para culpar, a não ser nós mesmos. O que você acha disso como uma importante estratégia de vendas?

Pergunta Cinco:
Qual é a encruzilhada em que me encontro neste ponto da minha vida/carreira?

Essa pergunta confirma a idéia de que são exatamente o desafio e a complexidade da vida e do trabalho que lhes dão significado. Esperávamos viver felizes para sempre e descobrimos que o triunfo de ontem não é mais suficiente. Não há nível de sucesso no qual possamos estagnar. Essa pergunta é especialmente importante se o que fizemos no passado foi bem-sucedido, pois o que funcionou ontem torna-se a gaiola dourada de hoje. É a resposta para essa pergunta que nos dá pistas sobre o que realmente importa.

O fato de reconhecermos que estamos em uma encruzilhada nos dá a energia para atravessá-la. Encontraremos o significado ao explorarmos e entendermos essa encruzilhada. Nossa encruzilhada representa um desejo ainda não satisfeito de mudar nosso foco, nosso propósito, o que queremos perseguir. Falar sobre nossa encruzilhada também é reconhecer que o que é mais pessoal para nós é também universal. É sempre surpreendente e reconfortante descobrir que não estamos sozinhos e que nossa encruzilhada é amplamente compartilhada por outras pessoas.

Pergunta Seis: **O que queremos criar juntos?**

Essa pergunta reconhece que vivemos em um mundo interdependente, que não criamos nada sozinhos. Podemos pensar que inventamos algo ou o alcançamos por causa própria, mas essa crença nos deixa cegos em relação a tudo que veio antes e àqueles que nos apoiaram. Essa é uma pergunta radical, pois é um golpe no coração do individualismo, uma das pedras fundamentais de nossa cultura. Ela também declara que teremos de criar ou adaptar o que quer que aprendamos ou que possamos extrair dos outros. Achamos que podemos instalar aqui o que funcionou lá, mas em sistemas vivos isso nunca é o caso.

Apenas ter uma conversa sobre essa pergunta já traz à tona o lado mais profundo das pessoas. Logo que começo a discutir o que quero criar, coloco-me na posição de causa, não de efeito. Muitas conversas no local de trabalho são sobre como lidar com o que *eles* querem criar. A pergunta seis põe fim à discussão política sobre o que *eles* querem de nós e como vamos reagir, e dá início a uma discussão cheia de propósito sobre o que *nós* iniciaremos. O diálogo por si só nivela o campo de jogo, mesmo que apenas por um momento. Nesse momento, o que conta são nossos desejos.

A Pergunta Bônus: **Qual é a pergunta que, se você tivesse a resposta, poderia libertá-lo?**

Essa é a mãe de todas as perguntas. É uma pergunta sobre a qual só se pode meditar. Cada vez que a responde, você começa uma conversa diferente. Embora possa não haver uma resposta pronta para você dar, cada tentativa lhe aponta uma boa direção. É como um raio laser iluminando o que importa. Ela traz a questão da frente e do centro de nossa liberdade. Carrega a mensagem otimista de que a liberdade pode estar ao nosso alcance. Confronta nossas ilusões sobre o que nos libertará, porque a resposta é um lembrete de todo o esforço que fazemos e que não nos liberta, mas apenas nos cria mais obrigações. Essa pergunta é o ponto alto das seis perguntas anteriores.

Todas juntas, as perguntas *Sim* transformam nossas indagações em uma discussão mais profunda e íntima sobre por que fazemos o que fazemos. Ela nos conduz à questão maior, uma das favoritas da consultora de mudanças em larga escala, Kathie Dannemiller: "De que maneira o mundo será diferente amanhã como resultado do que fazemos hoje?" Esse tipo de pergunta coloca nosso propósito em foco. Ela nos faz escolher o que importa para nós mesmos. Se quisermos criar um local de trabalho que valorize o idealismo, a conexão humana e o verdadeiro e profundo aprendizado, teremos de fazê-lo por conta própria. Damos um passo em direção a esses ideais quando mudamos para as perguntas do tipo *Sim*, perguntas que são cheias de ansiedade e ambigüidade, perguntas que nos forçam à exposição.

Em direção a uma união mais perfeita

Agora podemos juntar os dois conjuntos de perguntas e, ao fazer isso, definir melhor o significado da mudança de *Como?* para *Sim* – ou de "O que funciona?" para "O que importa?" Cada uma das seis perguntas *Sim* oferece um caminho alternativo às seis perguntas *Como?* Leia os pares de perguntas e perceba como o ponto de controle muda de fora para dentro, da prática para as intenções, do estratégico para o pessoal. Isso pode não parecer muito, mas é uma pequena mudança com enormes implicações.

Pergunta *Como?* Um: **Como você faz isso?**
passa a ser
Pergunta *Sim* Um: **Que recusa eu tenho adiado?**

A troca aqui é de uma pergunta de método por uma de escolha. Sem dúvida, a recusa é uma estranha maneira de dizer *sim*. Mas quando estamos sobrecarregados e queremos mudar, saber para o que precisamos dizer *não* é essencial para a nossa capacidade de invenção. Muitos atos de criatividade, mesmo novos negócios, começaram com uma decisão quanto ao que não recriar. A segunda geração de empresas de computadores foi iniciada por formandos da IBM que estavam dispostos a criar algo diferente.

Além disso, lembre-se de que a pergunta "Como fazemos isso?" é com muito mais freqüência uma expressão indireta de nossas dúvidas do que uma curiosidade real. Portanto, é melhor que as dúvidas sejam declaradas e admitidas pela pessoa em dúvida como uma luta interna no seu pensamento, e não como uma observação imparcial do mundo externo. E mais: se você acredita que dizer *não* irá levá-lo à morte, bem, é uma boa maneira de partir.

Pergunta *Como?* Dois: **Quanto tempo vai levar?** *passa a ser* Pergunta *Sim* Dois: **Que compromisso estou disposto a assumir?**

Temos tempo para tudo que é realmente importante para nós e, portanto, a pergunta do tempo muda para "O que é importante?" Quando dizemos que alguma coisa leva tempo demais, significa que não é importante para nós. Então que seja. Não faça essa coisa. A discussão dos prazos deve ocorrer bem mais tarde – além disso, nossa capacidade de saber quanto tempo vai levar uma mudança em um sistema vivo é, na melhor das hipóteses, um palpite. Quanto tempo leva para educar um filho, mudar uma cultura, criar uma nova direção, alterar uma estratégia? Podemos gritar por urgência, definir cronogramas apertados, determinar metas monstruosas e o mundo ainda continuará caminhando no ritmo que ele escolheu. Temos uma tendência muito forte de subestimar o tempo necessário, como um meio de convencer a nós mesmos ou a outras pessoas a ir em frente. A mudança vem do cuidado e do compromisso, portanto, faça que ela seja a discussão mais importante.

Pergunta *Como?* Três: **Quanto isso custa?** *passa a ser* Pergunta *Sim* Três: **Qual é o preço que estou disposto a pagar?**

O custo real da mudança ou de criar algo de valor é emocional, não econômico. O que é mais valioso não pode ser comprado com desconto. O preço da mudança é medido pelo nosso esforço, nossa vontade e coragem, nossa persistência em face da dificuldade. A troca aqui é de uma medida econômica de custo por uma medida pessoal de vontade. O preço que estou disposto a pagar reconhece isso. Quando falamos sobre dinheiro ou sobre um orçamento, normalmente é o dinheiro de outras pessoas que gastaremos. Se o dinheiro é deles, os riscos não são tão altos. Se queremos aumentar o risco para que a decisão tenha alguma conseqüência, é melhor torná-la uma questão pessoal. O preço máximo é a disposição de falhar e se machucar caso não funcione. Essa é a discussão mais importante e leva a uma consideração mais realista quanto ao fato de o preço ser alto demais ou não.

Pergunta *Como?* Quatro: **Como se faz para essas pessoas mudarem?**

passa a ser

Pergunta *Sim* Quatro: **Qual é minha contribuição para o problema que me preocupa?**

Essa é uma troca em termos de responsabilização. O foco na minha contribuição mantém o pescoço do tomador da decisão no laço das responsabilidades. Decisões demais para se iniciar uma mudança são tomadas por pessoas não afetadas pelo esforço de mudança. A pergunta *Sim* incorpora a idéia de Gandhi de que precisamos nos tornar a mudança que queremos ver acontecer. Ela nos mantém honestos. É o antídoto para nossa necessidade de controlar os outros. A pergunta *Sim* afirma que nós somos a causa, enquanto a pergunta *Como?* declara que eles são a causa. Melhor nós que eles. Gandhi tinha um outro preceito que vi uma vez na parede de seu *ashram*: "Se sangue deve ser derramado, que seja o nosso". Isso define a humildade e a disposição de se sacrificar, e nosso modo de pensar a mudança precisa mais disso.

Pergunta *Como?* Cinco: **Como medir isso?**

passa a ser

Pergunta *Sim* Cinco: **Qual é a encruzilhada em que me encontro neste ponto da minha vida/carreira?**

A questão central ao explorar uma mudança é se o que estamos considerando tem algum significado para nós, para a instituição, para o mundo. Medidas concretas podem determinar o progresso, mas não podem realmente medir valores. A pergunta da encruzilhada nos ajuda a definir o que tem significado pessoal para nós, que é uma questão de primeira ordem. Perseguimos o que importa independentemente de podermos medi-lo bem ou não, assim, ao encararmos a encruzilhada, quebramos as limitações exigidas pela pergunta de medição. É importante medir o que podemos, mas, ao levantar essa questão cedo demais e usá-la como um critério para determinar se devemos prosseguir, corremos o risco de venerar um deus pequeno demais.

Pergunta *Como?* Seis: **Como outras pessoas fizeram isso com sucesso?**

passa a ser

Pergunta *Sim* Seis: **O que queremos criar juntos?**

Essas perguntas representam a tensão entre o que já está provado e o que ainda está para ser descoberto. Se queremos que nossas instituições tenham uma posição de liderança, precisamos de uma pergunta que não nos desvie muito pelo vínculo próximo demais com a experiência de outros. Individual e coletivamente, temos a sabedoria de que precisamos para conseguir os resultados que queremos. O desafio é confiar nessa sabedoria e agir de acordo com ela. Quantas vezes trouxemos alguém de fora para nos dizer algo que já sabíamos que era verdade?

"Onde mais isso funcionou?" tem uma validade aparente irresistível. Quem iria argumentar contra a idéia de aprender com os outros? O problema é que a pergunta perpetua a crença de que outros sabem e nós não. A pergunta *Sim* volta-se para o conhecimento daqueles que têm um interesse na mudança e afirma nossa confiança em nós mesmos. Lembra-se da brincadeira infantil de esconde-esconde? A busca começava quando aquele que tinha que pegar os outros dizia: "Prontos ou não, aqui vou eu!" Uma declaração profunda.

O paradoxo do *Como?*

Agora podemos entrelaçar essas considerações. Qualquer que seja nosso destino, é mais provável que o ato de deixar para trás o imperativo da prática nos guie para uma percepção mais apurada de para onde queremos ir e de quais valores queremos incorporar para chegar lá. O que importa é a experiência de ser humano e tudo que está relacionado a ela.

O que mais nos importa, quando refletimos mais profundamente sobre isso, é a qualidade da experiência que criamos no mundo, não a quantidade de resultados.

Não existe metodologia para recuperar nosso idealismo. Por que seguir os passos de outra pessoa para descobrir onde nossos sonhos nos levam? Se acreditarmos que só há uma receita para essa descoberta, o método que ingerirmos contaminará nossa resposta para a questão do propósito.

O conjunto de perguntas *Sim* traz significado e nos lembra que, se a liberdade é essencial para uma vida que importa, e para uma instituição que cumpre seu propósito, então, ao longo desse caminho, haverá desobediência e até mesmo traição – a disposição de ir contra as crenças dominantes do momento. Sempre me surpreendo com o quanto as pessoas no poder estão dispostas a seguir a moda. No momento em que uma instituição de alto nível, em conjunto com uma empresa de consultoria famosa, faz uma reengenharia, propõe um empowerment, dá poder, faz uma fusão, despoja-se, achata-se, acarinha seus clientes ou enfatiza o controle de custos, a reação em cadeia de siga-o-líder é imediata e amplamente difundida.

Quando seguimos a moda e pedimos etapas, receitas e certezas, negamos nossa liberdade, pois nos deixamos apanhar no próprio ato de pedi-los. Seguir uma receita é assumir que há um caminho conhecido para encontrar nossa liberdade e que outra pessoa o conhece. A liberdade nos pede que inventemos nossos próprios passos. A frase que expressa isso de maneira mais clara é "ser o autor de nossa própria experiência".

Isso não significa que não possamos aprender com os outros. Estou dizendo apenas que perguntar *como* é um método medíocre de aprendizado. Aprendemos sendo testemunhas de como os outros vivem suas vidas. Aprendemos com as perguntas que os outros têm a coragem de fazer. É mais provável que sejamos transformados pelo diálogo sobre o que é real e o que é ilusão. Essas conversas são qualitativamente diferentes de procurar métodos e respostas.

▼

Quando procuramos por ferramentas e técnicas, que são parte da pergunta *Como?*, excluímos outros tipos de aprendizado. Em um certo sentido, se queremos saber o que funciona de verdade, temos de decidir cuidadosamente quais são as perguntas certas para o momento.

Escolher a pergunta certa é o começo da ação baseada no que importa, e isso é o que funciona. É assim que definimos o debate, por meio das questões que perseguimos, pois todas essas perguntas são etapas da ação. Boas perguntas trabalham para nós, nós não trabalhamos para elas. Elas não são um projeto a ser terminado, mas a abertura de um portal que conduz a uma maior profundidade de entendimento, a ações que farão que nos sintamos mais completamente vivos.

3

defesa

defesas contra entrar em ação. Mudar o foco das perguntas sobre o que é próprio para as perguntas sobre os compromissos pessoais acarreta mais do que uma simples mudança de agenda ou de conversação. Quando aceitamos as perguntas *Sim*, somos confrontados com nossa liberdade. A maioria das mensagens da nossa cultura nega nossa liberdade e nos diz que somos produtos de nosso ambiente, conduzidos por recompensas e interesses pessoais, e que aqueles no poder têm nosso futuro nas mãos. Agir verdadeiramente de acordo com nossos valores e buscar o que importa significa que temos de aceitar, até as últimas conseqüências, que somos livres e, portanto, responsáveis pelas ações que escolhemos, a despeito de nosso ambiente e de suas mensagens.

O aspecto mais difícil de agir de acordo com o que importa é encarar nossa própria humanidade – nossa cautela, nossa capacidade de racionalizar nossa disposição de nos adaptarmos à cultura em vez de viver à margem dela. Isso é verdade em nossa vizinhança, entre colegas e no local de trabalho. Fundamentalmente, agir totalmente de acordo com o que importa significa que devemos reclamar nossa liberdade e conviver com as conseqüências. A sutileza com a qual negamos nossa liberdade justifica uma vida inteira de exploração, mas a seguir estão alguns exemplos pertinentes ao assunto.

O chefe é a causa

A primeira linha de defesa contra a liberdade é prestar atenção nas pessoas que estão no poder. Muitas das perguntas *Como?* transmitem a mensagem de que o futuro está nas mãos de outras pessoas: os políticos, a mídia, a gerência, os sindicatos, o governo. Quando procuramos seu apoio e os consideramos responsáveis por nossas instituições, reforçamos nossa própria impotência. Fazemos isso quando creditamos a eles nossos sucessos e os culpamos por nossos fracassos. A constante pergunta "Como conseguimos o apoio da alta gerência?" é a incorporação da crença de que o outro é vital para a mudança, e essa é uma pergunta muito popular.

Quando você ou eu sugerimos que a liderança não é tão crucial, poucas pessoas gostam da mensagem. A maioria alega que nós não conhecemos a alta gerência *deles*, que somos ingênuos por não percebermos o poder do cargo – a discussão é interminável. Alguns ficarão até irritados se você insistir no argumento de que somos nós que concedemos poder para aqueles que estão no topo e, dessa maneira, nós os criamos. Nelson Mandela, alvo de admiração no mundo todo, declarou que, no momento em que você trata um homem como se ele fosse um deus, você convida o demônio a existir.

O demônio, nesse caso, não é o comportamento do chefe ou do político; o demônio é a negação de nosso próprio poder e a expectativa de que outra pessoa irá nos conduzir para um amanhã melhor.

A crença de que o poder repousa "lá em cima" é uma maneira de resguardar nossa própria impotência, tudo pelo alívio de um momento sonhado de segurança.

A vontade de analisar e procurar dados concretos

Nós também nos impedimos de agir quando continuamos procurando por mais e mais informações para garantir uma certeza maior sobre o futuro, como condição para prosseguir. Podemos transformar a curiosidade em uma postura de vida, que diz que a vida é para ser estudada, medida, submetida a uma contínua análise de custo-benefício, e não para ser vivida. Podemos construir uma carreira avaliando aventuras de terceiros. A vontade de avaliar e medir está na mesma categoria que a vontade de ter poder. A ilusão é que, se conduzirmos bastantes pesquisas sobre mudanças nos sistemas humanos, os resultados serão convincentes. Minha experiência diz que os dados e medidas são infinitamente menos convincentes que as anedotas. Anedotas, histórias pessoais, reminiscências, como as parábolas bíblicas, são o meio pelo qual a fé é restaurada. As histórias são uma forma de poesia e nos dão uma imagem de salvação com a qual possamos nos identificar. As perguntas persistentes sobre dados e evidências são muitas vezes uma forma de discordância, ou desespero, ou demonstram uma falta de fé. Há pouca discussão sobre fé nas organizações, mas é apenas pela fé que as mudanças podem começar.

Quando um charuto é apenas um charuto?

Quando uma pergunta *Como?* é útil e não uma defesa contra mudanças? É claro, as perguntas podem ser uma busca genuína por mais informação. Elas se tornam suspeitas quando nenhuma resposta satisfaz. Fico desconfiado quando alguém pergunta *como*, consegue uma resposta e continua perguntando *como* várias vezes. Pense qual seria sua postura diante de qualquer membro da família *Como?*: Quais são os passos para se mudar a cultura? Como se lida com pessoas difíceis? Onde isso está funcionando? Quando as respostas são oferecidas e, a cada vez, a pergunta volta como um elástico, você sabe que a dúvida ou a cautela são o verdadeiro tema da discussão, não a metodologia ou os dados.

Quando nenhuma resposta satisfaz e as pessoas continuam a agir como se não entendessem, então a pergunta errada está sendo feita.

Nesse caso, a pergunta *Como?* não é para informação, mas uma defesa contra um futuro alternativo e imprevisível.

Perguntas autênticas, por outro lado, são feitas com a expectativa de que aqueles que estão formulando a pergunta participarão da criação da resposta. A pergunta não é usada para fazer uma afirmação, nem para minimizar as escolhas. Uma pergunta sobre método tem seu valor quando estamos dispostos a agir de acordo com a resposta. Quando uma pergunta é seguida de uma série de perguntas adicionais, fique atento. Tenha cuidado, especialmente, com as questões sobre medição. Todos nós queremos evidências, mas todos temos de considerar isto: quando uma pergunta sobre mensuração é feita como se outra pessoa, trabalhando de maneira independente, precisasse provar algum valor, a pergunta é uma recusa disfarçada. Não há problema em recusar, mas diga isso de forma direta, não disfarce com uma busca por dados.

Os riscos são reais

Admito que confrontar as pessoas com sua liberdade – nesse caso, colocá-las frente a frente com perguntas íntimas e paradoxais e adiar a entrada no conhecido território do pragmatismo – é atrair sua fúria. Muitos se ressentirão da exigência de colocar seus ideais e desejos pessoais em discussão. Nós ouvimos acusações de que as perguntas *Sim* são pessoais demais, como se os negócios não fossem uma coisa pessoal. Há um desprezo cultural, especialmente na mídia, por qualquer coisa que pareça "sentimental".

Isso significa que a resposta – de que você é uma alma livre, responsável pelo futuro de sua instituição e de seu ambiente – é bastante indigesta. Esse é o problema com este livro. Qualquer um que aja seguindo sua mensagem corre o risco de ser acusado de ser muito abstrato, ou muito filosófico, ou ingênuo e inexperiente no "mundo real", ou um fã da espiritualidade da Nova Era. Alguém comentará que existem poucas provas de que essas idéias funcionaram, de que elas tenham produzido uma grande reviravolta. A resposta mais cínica ao idealismo e à busca de propósito é declarar que a maioria das pessoas não se preocupa com o propósito. O que elas querem é um estilo de vida melhor. Elas querem melhores salários e mais benefícios, não mais responsabilidades. Elas querem chefes melhores, não mais liberdade.

Essas objeções têm alguma validade, mas o mais provável é que, ao fazê-las, as pessoas estejam dizendo *não* para as idéias de liberdade, escolha e responsabilização. Eu as apoiaria em sua recusa. A única resposta para essas preocupações é reconhecê-las e encorajar as pessoas que as expressam a simplesmente dizer *não*. Parte da liberdade é o direito de negar a existência da liberdade.

Nós é que fizemos as coisas ficarem assim

Todos nós, de alguma forma, nos defendemos da proposta de agir de acordo com nossos valores e intenções negando que, na verdade, estamos ajudando a criar a cultura que nos pressiona em direção à segurança e à existência metodológica. Nós reclamamos da cultura como se fôssemos apenas visitantes deste planeta. Queremos responsabilizar a alta gerência por criar a cultura organizacional, e todos nós temos um culpado favorito para acusar por conduzir a sociedade por um caminho que nos incomoda. Como indivíduos, mantemos nossas cabeças baixas, acreditando que haverá tempo mais tarde para agir de acordo com nossas intenções, e escolhemos rejeitar as perguntas mais difíceis, ambíguas e pessoais que lidam com o significado de nosso trabalho e experiência.

O problema é que, quando investimos emocional e economicamente em – na verdade, nos organizamos em torno de – segurança, controle e previsibilidade, adiamos as perguntas mais profundas sobre o que importa. O custo para nós e para nossas instituições é a sensação de estar vivo. Em todo show, Bruce Springsteen grita: "Tem alguém vivo aí?" Pergunta interessante. A busca do que importa implica levar a sensação de estar vivo para tudo que fazemos. Essa é, em última instância, a recompensa por perseguirmos nossos desejos.

Fugindo da liberdade

Parte do atrativo de preferir a pergunta *Como?* é que ela remove a exigência de ir mais fundo e refletir sobre nossos ideais. Dizemos que não temos tempo para isso, mas há razões mais profundas para se adiar a profundidade, já que ela pode nos deixar ansiosos. Perseguir o *Como?* é um caminho mais seguro, o mais confortável. Perguntar *Como?*, portanto, é uma maneira de evitar a ansiedade ou, como o filósofo Eric Fromm diria, de "fugir da liberdade".

O que realmente queremos é liberdade *e* segurança ao mesmo tempo, mas elas são estranhas parceiras. A liberdade pode ser confundida com licenciosidade. (que significa que não nos sentimos oprimidos por nada). Liberdade não é fazer o que você quer, mas exatamente o contrário. Significa que somos os autores de nossa própria experiência. Significa que nos responsabilizamos pelo bem-estar de tudo à nossa volta. Significa acreditar que estamos formando, ou criando, o mundo no qual vivemos. Essa crença é rara para a maioria de nós, uma vez que na maior parte do tempo nos sentimos impotentes. Nesses momentos, desejamos líderes melhores, melhores governos e alguém para criar as condições para que sejamos livres. Como se outra pessoa pudesse nos dar a liberdade.

O dilema é que não queremos pagar por nossa liberdade. Nós queremos expulsar o medo do local de trabalho. Queremos que alguém nos garanta um amanhã mais seguro. Queremos saber como: como fazer, quanto custa, quanto tempo levará, como fazer para que essas pessoas se alinhem a nós, como medir, e quem mais está fazendo isso. Tudo isso é o desejo de ir para o céu sem ter de morrer. Queremos certeza antes de agir. E queremos que aqueles no poder nos abençoem. Estivemos dispostos a ceder nossa soberania aos nossos chefes e instituições em troca da promessa de que eles cuidassem de nós. Essa barganha está desaparecendo sem que tenhamos feito nada para isso, mas é difícil conviver com o desaparecimento da segurança.

Enquanto desejarmos segurança, teremos dificuldade em buscar o que importa.

A perda da fé

Perguntar *Como?* é também uma defesa contra nossa própria perda de fé. É uma defesa fortemente recompensada pela cultura. A cultura promete segurança por meio de respostas e resultados. A questão é se essa é uma promessa real ou ilusória. Saber como fazer algo pode nos dar confiança, mas não nos dá liberdade. A liberdade vem do compromisso, não da realização. Ela vem de encontrar nossa própria voz, não de seguir a de outro. Perguntar *como* de maneira contínua é uma forma de autolimitação e até mesmo de subjugação. Eu estaria agindo, naquele momento, como se ainda não estivesse totalmente pronto; precisaria de mais uma aula para ser capaz de cozinhar, cantar, administrar, criar um filho, jogar tênis, motivar os outros, viver até os cento e um.

Dessa maneira, o *Como?* torna-se uma expressão de nossa falta de autoconfiança. Em vez de escolher a vida que queremos, nós a adiamos. Acreditamos que não somos suficientes, que não somos capazes. Pensamos que precisamos ir a mais um workshop, ler mais um livro, conseguir um diploma de faculdade se ainda não o temos ou um diploma de pós-graduação se já o temos. Pensamos que precisamos de uma receita se estamos com fome, de um *personal trainer* se estamos fora de forma (quem não está?), de cirurgia plástica se estamos parecendo mais velhos, e de ir às compras quando tudo mais falha.

Fazer compras é uma maneira culturalmente aprovada de suavizar nossa ansiedade e adiar o aprofundamento no cerne de nossa experiência. Se trabalhar e realizar algo para me afastar da ansiedade falhar, talvez eu possa comprar alívio. Certa vez, eu estava em uma loja de lingerie de alto padrão em Nova York e perguntei à vendedora: "Quem compra essa roupa íntima cara?" Ela disse que os homens a compram quando se sentem culpados, e as mulheres compram quando se sentem deprimidas – em uma cultura do consumo, acreditamos que podemos gastar e comprar uma forma de afastar a ansiedade e a dor. Eu não me lembro, agora, o que eu estava fazendo naquela loja.

A máscara da confusão

Há momentos em que os líderes nos pedem para fazer uma mudança e respondemos agindo de maneira confusa. Continuamos a perguntar *Como?* mesmo quando não queremos; a confusão é apenas uma medida de nosso descontentamento. Agimos como se estivéssemos confusos, como se não entendêssemos.

A realidade é que *entendemos* – compreendemos, mas não gostamos daquilo. No trabalho, quando a gerência diz que temos de mudar a cultura, a estrutura, a estratégia, podemos pensar que eles estão errados. Como achamos que não podemos dizer isso diretamente, pedimos que eles forneçam mais detalhes, definam os papéis, nos dêem ferramentas ou um mapa do que têm em mente. Se eles respondem aos nossos pedidos, isso raramente faz uma diferença significativa. O efeito do esforço para eliminar a "confusão" é simplesmente atrasar a mudança.

Isso é tudo

Nosso desejo de ações rápidas e nosso amor por ferramentas, ainda que possam ser úteis, nos desviam de nossos valores e da realidade de nossa experiência.

Buscar de maneira interminável mais ferramentas, mais habilidades e mais metodologia nos impede de aceitar nossa humanidade, nossas limitações e o fato de que as perguntas que nos incomodam são inerentes ao ser humano e não têm respostas.

Nós estamos mais próximos do que jamais estaremos, mas isso pode não ser suficiente. Meu corpo não está tão em forma quanto eu quero; eu estou ficando mais velho e ter um abdômen definido não vai mudar isso; a qualidade de minhas refeições não vai satisfazer a fome do meu coração; nenhuma quantidade de compras vai curar minha solidão.

Viver nossas vidas plenamente, trabalhar de todo coração, recusar de maneira direta o que não podemos engolir, aceitar o mistério em todas as questões de propósito – isso é a aventura máxima. A busca da certeza e da previsibilidade é a expressão de nossa cautela. A liberdade é um prêmio, e a segurança é o preço a pagar; precisamos mais da fé do que dos fatos, e da vontade, mais do que de habilidades.

O preço de não agir de acordo com o que importa

Este capítulo tratou de nossas resistências contra agir de acordo com o que importa. Deixe-me resumir aqui o que foi sugerido anteriormente:

- Primeiro, nossa resistência nos isola de uma intimidade mais profunda com nós mesmos, que é o desejo de entender, de se perguntar por quê, de descobrir nosso propósito, de abrir a porta para os outros, de expressar nossos sentimentos e de afirmar nossa humanidade.

- Segundo, isso nos rouba um aspecto da liberdade: a capacidade de perseguir o que nos importa, de criar um mundo que acreditamos estar de acordo com nossos valores, independentemente do que dita o mercado ou do que está na moda no momento.
- Terceiro, a decisão de fazer primeiro perguntas *Como?* e adiar as perguntas de significado, as perguntas *Sim*, tem um efeito penetrante na forma como vivenciamos nosso trabalho, bem como sobre o otimismo que sentimos em relação às organizações em que vivemos. Isso influencia a maneira pela qual pensamos nossas vidas e a sociedade, especialmente a máquina de produção/consumo que a conduz. O amor pelo que é prático e concreto reforça a cultura do materialismo. A maioria de nós percebe claramente o materialismo econômico do lado de fora, mas ele é simplesmente um reflexo do materialismo espiritual dentro de nós.

▼

O desafio não é que não saibamos o que nos importa; é que sustentar nossas ações torna-se um incômodo insuportável. Nesses momentos, quando temos espaço para considerar o que está em nossos corações e que sonhos nos resta realizar, a tarefa pode parecer monumental e traiçoeira. Muitas vezes adquirimos mais clareza sobre o que nos importa quando estamos em um ambiente protegido, seja ele espiritual ou de aprendizado: um retiro, um santuário, uma conversa de férias, um workshop ou uma experiência de aconselhamento. Em um momento de pensamento e sentimento claros a respeito do que nos importa, podemos estar determinados a agir de acordo com nosso *insight*. Mas quando retornamos à rotina da vida diária, a determinação pode se diluir. O que acontece é que, quando reentramos na cultura, com todo seu poder, encaramos de novo os compromissos que fizemos e as expectativas das pessoas ao nosso redor. A pressão de fazer coisas e as perguntas *Como?* exercem sua força. Esses são os momentos em que o que importa e o que funciona parecem estar em conflito um com o outro. A seguir estão idéias para ajudar a manter nossas intenções a despeito de tudo.

Parte **2**

três qualidades

Para nos beneficiarmos completamente das perguntas de propósito e compromisso, precisamos estar ancorados em certas qualidades que nos ajudam a manter nossas intenções pessoais quando nos envolvemos com as pressões do mercado. Essas qualidades são nossa capacidade de redespertar o idealismo, nossa habilidade de nos tornarmos mais íntimos no contato com o meio ambiente, e nossa disposição de escolher a profundidade a despeito do ritmo cada vez mais rápido da vida moderna. A cultura trocou o idealismo pelo cinismo e abriu mão da intimidade em prol do consumo e da experiência virtual. Como resultado, nos encontramos alienados e isolados, mesmo quando estamos no meio de uma multidão. Finalmente, no esforço para sermos rápidos, sacrificamos a profundidade. Quando perdemos o idealismo, a intimidade e a profundidade, funcionamos em um nível cosmético, empurrados pela moda, sem contato com nosso centro, e reagimos como se fôssemos o efeito da cultura, e não sua causa.

4

idealismo

recapturando o idealismo da juventude. Estamos procurando o equilíbrio entre nossa preocupação com o que funciona e com o que importa. O que perdemos, em uma cultura materialista e pragmática, é nosso idealismo. O idealismo é um estado de inocência que tem o potencial de juntar nossos propósitos mais amplos com as ações do dia-a-dia. O idealismo é necessário para recuperarmos nossa liberdade, pois, em última instância, é a liberdade que nos dá a possibilidade de vivermos nossas vidas mais plenamente.

Em louvor do que não é prático

O idealismo é a busca da maneira como achamos que as coisas deveriam ser. A definição de um idealista, de acordo com o dicionário Webster, é "alguém que segue seus ideais, mesmo ao ponto de deixar de ser prático". Ela nos leva direto ao ponto que queremos: o papel do pragmatismo na busca de nossos desejos. Ela nos confronta com a questão de quem decide o que é possível e o que é prático. Quem define os limites? Será que não cedemos cedo demais ao que os outros definem como pouco prático?

Houve um momento em nossas vidas em que fomos mais idealistas do que práticos. Uma criança pequena pede a Lua e espera que ela lhe seja entregue. Conforme crescemos e entramos no chamado "mundo real", nosso idealismo é atacado. O idealismo é considerado uma fraqueza – uma falha de percepção, a falta de vontade ou, pior, incapacidade de ver o mundo como ele é de verdade. Ser chamado de idealista e, portanto, de não realista é uma acusação dolorosa. O idealismo faz parte do mundo infantil, é um sinal de imaturidade. Quando você vai crescer e entender isso?

Real demais, cedo demais

A pressão a favor do realismo é introduzida cada vez mais cedo. Talvez seja a mídia, ou o que está acontecendo nas ruas e em nossas comunidades, ou a natureza transitória de nosso estilo de vida, ou a fácil exposição eletrônica ao mundo em um sentido mais amplo. Mas, seja qual for sua teoria sobre por que isso ocorre, nossas crianças começam a adaptar-se ao "mundo real" cada vez mais cedo. Contribuímos para esse realismo encorajando as crianças a aprenderem mais rápido. Tão logo entram na escola, começam a nos preocupar com o vestibular e a faculdade. Preenchemos suas tardes e fins de semana com atividades de desenvolvimento. Ficamos felizes quando ganham nos esportes, pois achamos que isso é um indicador importante de seu futuro. Bem cedo pedimos à criança que pare de viver a vida e comece a preparar-se para ela.

O empurrão em direção à maturidade precoce mina a possibilidade de um idealismo prolongado. E por que não? O idealismo é difícil de defender, pois os dados e a história parecem estar do lado do realismo e do pragmatismo, quase por definição. Como podemos defender o idealismo... medindo seu valor? O idealismo dissolve-se em um mundo no qual a medição e os resultados instantâneos são as respostas mais aceitáveis. O resultado é um cinismo socialmente aceitável. O cinismo é uma defesa contra o idealismo, e é tão poderoso porque tem a experiência de seu lado. Todos nós temos nossas feridas. Todos temos nossa história de idealismo não recompensado ou até mesmo punido. O cinismo é um terreno seguro, pois é defesa final contra o desapontamento. O efeito disso é que o idealista é desprezado, até mesmo considerado um tolo.

Eu sou um desses tolos. Uma das minhas falhas de caráter é que sou um sonhador. A crítica contra os livros que escrevo, as palestras que faço e a maneira como vivo no mundo é que eu não sou realista. Que estou fora de sintonia com a dura realidade da vida. Que vejo a vida à distância, esquecendo-me de como ela é nas trincheiras. Tudo isso é verdade.

Os interesses pessoais tornam-se o ponto principal

A sabedoria convencional tem vários argumentos contra o idealismo. Nós acabamos aceitando como verdade a afirmação dos economistas de que o comportamento é basicamente orientado por interesses pessoais. Isso parece ser confirmado pela cultura de autocondescendência em que vivemos. Organizamos nossas instituições ao redor do princípio do interesse pessoal, e isso dá origem à pergunta "O que eu ganho com isso?" Essa pergunta nos aprisiona em um mundo utilitário. A conseqüência é que, se você não fizer uma oferta decente, eu não estou interessado. Tenho direito a algo mais de sua parte, você me deve algo, e se eu me comprometer com uma organização, você deve pagar ao demônio (nesse caso, meus interesses pessoais) o que lhe é devido.

"O que eu ganho com isso?" declara que, para eu me preocupar com algo maior, é necessário um pagamento. Meu compromisso está aberto a negociações.

Se meu compromisso estiver condicionado à sua resposta ou ao cumprimento de uma promessa sua, então nunca foi realmente um compromisso. É um negócio.

O verdadeiro compromisso é uma escolha que eu faço independentemente do que me está sendo oferecido em troca.

As pessoas que estão no poder respondem ao autocentrismo do "O que eu ganho com isso?" perguntando: "Como fazemos para essas pessoas se comprometerem?" Uma vez que tenhamos dado início a esse jogo – que é, na verdade, uma comercialização do compromisso –, excluímos a possibilidade de um compromisso autêntico e pessoal e a busca voluntária de nossos desejos e ideais. As pessoas que estão no poder se desesperam para obter o compromisso sem ter de recorrer a dispositivos projetados para "conseguir" que alguém faça algo. Os subordinados abandonam seus desejos porque acham que não serão recompensados.

Isso cria uma mentalidade de barganha tão amplamente aceita que qualquer discussão de ideais e desejos individuais fica relegada a nossas vidas particulares. Substituímos o desejo pela discussão de necessidades: o que elas são e o que podemos dar em troca para satisfazê-las. John McKnight e Ivan Illich escreveram exaustivamente sobre como, quando falamos das necessidades das pessoas, nós as convertemos de cidadãos em consumidores. Tornamos o espírito humano menor quando definimos necessidades, porque isso nos faz agir sobre nossas deficiências em vez de nossas capacidades. E trocamos por migalhas nossas maiores capacidades, que são as capacidades de sonhar e de perseguir esse sonho, apenas pelo sonho.

É comum ficarmos nos queixando da cultura de autocondescendência, de como a geração XYZ está nessa por sua própria culpa – e o que aconteceu com a gratidão? –, mas essa é uma conversa cansativa. As perguntas mais urgentes são: O que acontece quando perdemos o contato ou a fé em nossos ideais, ou em nossos sonhos e desejos? Por que deveríamos desistir da busca de nossos desejos se não nos fazem a oferta justa? Por que coloquei meus desejos a leilão? Quando foi que decidi que poderia viver sem eles ou que poderia adiá-los até ter implementado minha estratégia de fuga?

O idealismo é a disposição de perseguir nossos desejos além do limite do pragmatismo. A rendição do desejo é a perda de uma parte de nós. O desejo é um assunto do coração. O desejo do meu coração. É por isso que a palavra *desejo* fica tão deslocada no mundo do comércio. As questões do coração, tais como nossos valores mais profundos, não estão abertas a negociação. O coração não pode ser explicado, não podemos racionalizá-lo ou comandá-lo. O coração anseia, ele sofre e se despedaça, ele deseja. O economista não tem interesse nos assuntos do coração porque eles não podem ser previstos ou negociados; em outras palavras, eles não podem ser administrados. Não levar em conta o desejo é perder a fé de que pode haver um mundo alternativo àquele definido pelo economista.

A barganha como último recurso

Estamos dispostos a barganhar nosso compromisso quando não temos como assumir um compromisso autêntico, baseado no desejo, porque esquecemos, nesse momento, o que estamos dispostos a sacrificar por ele. Dessa maneira, a barganha torna-se o prêmio de consolação. No momento em que não sei a quais causas posso me dedicar, ou em que me falta a disposição para me colocar em risco por um resultado desconhecido e incerto, estou disposto a sentar-me à mesa e brincar de negociar com meu idealismo. Quem não gostaria de ser um milionário nesses momentos?

Escolher, por livre e espontânea vontade, a barganha como base para o trabalho é comercializar nossos relacionamentos e a nós mesmos. Eu trato a mim mesmo como uma transação em desenvolvimento. Valorizo-me de acordo com o que consigo para mim. Meu valor de mercado torna-se meu único valor. Eu agora valho o que o mercado puder bancar. Então, por que não lutar para conseguir o melhor preço possível?

Parte do preço de se tornar uma transação é que permitimos que nosso valor seja definido por outros: uma organização, um chefe, um recrutador, um companheiro, um namorado. Eu me torno uma commodity cujo valor sobe e desce de acordo com o mercado. Coloco minha auto-estima nas mãos de forças que não posso controlar. Fico feliz quando o preço sobe, sinto-me deprimido nos períodos de recessão – e fico literalmente deprimido em tempos de deflação.

O modelo econômico da pessoa ratifica os relacionamentos instrumentalizados que se mantêm graças à natureza e ao valor da troca.

Eu estou disposto a fazer o que é recompensado, quero desesperadamente saber quanto os outros valem, recuso-me a fazer o que não é recompensado e espero maiores recompensas, especialmente quando proporciono resultados cada vez maiores. Em última instância, nenhuma forma de recompensa é suficiente, pois meu trabalho e meu propósito tornaram-se um jogo. Ganhar mais passa a ser meu objetivo, pois preciso do jogo para sentir-me valorizado.

O que posso não perceber é que, quando escolho esse caminho, sacrifico meu propósito. A escolha do propósito e as regras de engajamento não são mais minhas, elas pertencem ao mercado – e o mercado sabe como tirar vantagem disso.

Chamado e compromisso

Existe uma alternativa para o modelo da barganha. É acreditar que as pessoas querem contribuir para uma instituição e não precisam ser compradas para isso. Pagas sim, mas compradas não. Há outras fontes de motivação além da troca negociada. Há elementos de desejo que querem se expressar. Há muitos exemplos de pessoas que escolhem determinado trabalho simplesmente porque querem fazer aquilo, e não pelas recompensas materiais. Isso é, na verdade, o que alguns chamam de caminho do artista. É também o caminho dos professores, de muitos funcionários públicos, e o caminho daqueles que escolheram uma via religiosa.

Aos olhos do comércio, o chamado é um luxo e o artista é visto como louco ou como terrorista – eles não vivem pelas regras do comércio ou presos por laços de lealdade. Eles são leais apenas à sua arte, a seus valores, a seu idealismo. Não são nem mais perigosos nem tão raros como aqueles que escolhem o caminho mais instrumentalizado; eles apenas valorizam sua experiência livre e subjetiva, que preferem não ser definidos pelo modelo econômico.

A virtude é sua própria recompensa

Você pode perguntar: "Por que alguém se comprometeria com o sucesso de um negócio a não ser que tivesse uma recompensa por isso?" E eu responderia: "Bem, o que aconteceu com a virtude?" A virtude é propagandeada como sua própria recompensa. Ela não se sai bem, no entanto, quando definimos o jogo como uma busca econômica por tudo que é prático e imediatamente útil. Quando apenas damos importância à pergunta *Como?* e desvalorizamos todas as perguntas de *"Com que propósito?"* e *"Em benefício de quem?"*, mandamos a virtude para longe. E, com a ausência da virtude, o sacrifício, o compromisso, a fé e seus outros primos ficam abandonados ao relento.

Com a perda do compromisso de dentro para fora, nossas instituições também sofrem. A possibilidade de as pessoas cuidarem voluntariamente do todo desaparece. Em vez de percebermos que somos parte da causa, acreditamos que faz parte da natureza humana ser autocentrado e se interessar apenas pelo próprio umbigo. Concluímos, então, que a única maneira de o cuidado com o todo existir é se nós o comprarmos. E assim a profecia se realiza. Nossa crença no modelo da barganha prova que o dinheiro é a única voz que é ouvida. O fato de termos ativamente silenciado os desejos individuais e o compromisso autêntico nunca é definido nem mesmo como um problema a administrar.

Além de custar aos indivíduos uma versão mais compassiva deles mesmos, o modelo econômico também custa à comunidade. Esse custo é a perda da filantropia. O altruísmo se tornou tão raro que a palavra é estranha por falta de uso. Embora as grandes organizações dêem dinheiro para a comunidade, os atos de filantropia tornaram-se parte de uma estratégia de negócios. Por exemplo, o Public Broadcasting System[1] costumava pedir financiamento para sua programação indo à fundação ou ao departamento de relações com a comunidade de grandes corporações. Durante os anos 80, no entanto, as corporações passaram a dizer ao PBS para contatar o departamento de marketing, que passou a decidir o que financiar. As intenções que começaram como filantropia converteram-se agora em marketing e construção de imagem.

Liberdade à venda

Há formas emocionais de barganha que são ainda mais significativas do que as transações econômicas.

---

1 Em português, literalmente Sistema de Transmissão Pública. PBS é uma empresa privada e sem fins lucrativos, propriedade das 349 estações de televisão pública e operada por elas. Transmite programas educativos, em um sistema semelhante ao da TV Cultura no Brasil, mas com um alcance bem maior (disponível para 99% dos lares americanos com televisão). (N. do T.)

A mentalidade de barganha trata qualquer ato como se ele fosse guiado pelo valor de troca dos envolvidos.

Tudo é oferecido em leilão, e o item mais precioso é a nossa liberdade: estamos dispostos a desistir de nossa liberdade, especialmente no local de trabalho, em troca de proteção e promoção. Entregamos nossa soberania para nossos chefes e, em troca, eles nos protegem e cuidam de nossos interesses.

Essa é uma barganha que vem desde os tempos medievais, quando o senhor feudal oferecia aos camponeses a proteção de uma cidade sitiada em troca de domínio sobre eles. Ele era o senhor; eles deveriam servi-lo por meio de impostos, sexo e outras formas de vassalagem. O senhor, por sua vez, mantinha uma força de combate e um sistema de segurança para proteção dos camponeses. Um negócio bem direto. A subjugação em troca de segurança.

Trazendo esse modelo para as instituições modernas, veremos que o empregado faz uma barganha semelhante. Nós seguimos ordens, convivemos com o estilo de administração do chefe, defendemos os interesses da unidade em troca de ter nossos interesses defendidos pelo chefe. Um pequeno exemplo: ouvi um executivo dizer que estava incomodado com a competição entre os gerentes para saber quem tinha sido promovido. Ele estava em uma reunião de planejamento de pessoal na qual todos os gerentes de divisão lutavam pela promoção de seu próprio pessoal, preocupando-se pouco com o bem-estar da instituição como um todo.

Por que esses executivos deveriam pensar que seu pessoal é melhor do que os outros e agir de acordo com algum imperativo familiar? Você pode dizer que isso faz parte da natureza humana, e pode ser que haja alguma verdade nisso. Mas o mais provável é que os executivos estivessem tentando cumprir a promessa patriarcal: a barganha da lealdade em troca de proteção e promoção. Eles precisam defender seu pessoal para cumprir suas obrigações contratuais.

É fácil culpar o chefe por se tornar um barão. Eu acho que a escolha e a mentalidade dos subordinados são muito mais significativas. Oferecemos pedaços de nós mesmos, nossos desejos, nossa liberdade como parte da barganha, e então esperamos que nossos chefes lutem por nossos interesses em toda oportunidade que tenham. E quando eles fazem isso, achamos que realizamos um bom negócio. Nesse momento, começamos a acreditar que para sermos bem-sucedidos precisamos colocar nossa liberdade na mesa de negociações. Se formos recompensados, ao menos nós a vendemos por um bom preço.

Definindo o debate

No esquema da barganha, o custo é a dependência: nós nos tornamos tão dependentes de nossas instituições e de seus agentes que pensamos que eles guardam a chave para o que amamos e procuramos com tanto empenho. Quando achamos que o único jeito de conseguir o que queremos é barganhar por isso, entregamos aos outros o poder, inclusive o poder de definir a realidade.

Nós cedemos a outros a capacidade de definir o que nos importa. Encorajamos a instituição a definir o que importa para nós ao perguntarmos a nossos líderes o que é importante para eles. Eu ouço quando eles listam os cinco valores a partir dos quais devemos atuar. Quero saber quais são seus objetivos e como devemos alcançá-los. Deixo a organização me dizer quem sou quando levo a sério seus feedbacks. Quero que meu chefe seja meu mentor. Eu me desenvolvo seguindo suas sugestões; de fato, se não recebo feedback do meu chefe, fico desapontado. A conseqüência é que sinto que não posso ser eu mesmo e, ao mesmo tempo, ser bem-sucedido. Ao menos, não até chegar ao final da linha e poder descansar na areia da praia.

Em casa assim como no trabalho

Como qualquer outro elemento de nossa paixão pelo que é prático, o sistema de barganha também vaza para nossos relacionamentos pessoais. Eu acho que, para conseguir o que quero do meu parceiro, de alguém que amo, preciso oferecer conscientemente algo de valor em troca. O elemento destrutivo nisso não é a necessidade de haver equilíbrio no relacionamento, pois isso é realmente necessário. O problema é que instrumentalizo o que ofereço. Já me peguei falando sobre o que "investi" em um relacionamento. Bem, quando foi que um relacionamento tornou-se uma decisão de investimento? Eu me apaixonei pela expectativa de retorno desse "investimento"? Eu só sou amigo enquanto estou conseguindo algo em troca? Ou enquanto o relacionamento "funciona"? Você já se pegou sugerindo a um membro da família que devemos fazer uma "reunião"? Eu já.

Deve haver um lugar para o mistério, a entrega e o perdão, que caracterizam o idealismo, em nosso trabalho e em nossas vidas pessoais. Essas condições não estão abertas a negociação ou troca. O mistério significa que muito do que importa pode ser impossível de colocar em palavras ou pode ser desconhecido. A entrega, em um sentido espiritual, perderia seu valor se realizada para provocar impacto. O perdão não é perdão se dado com a expectativa de receber algo em troca.

Falar nesses termos é uma maneira de restabelecer nosso respeito pelo idealismo. É o artista em cada um de nós se manifestando. É acreditar em algo por acreditar, uma redescoberta da inocência em seu melhor sentido. Isso inclui desistir de parte de nossa sofisticação e cinismo. Torna-se a essência do que importa. Envolve algum risco, nos sujeita a um possível desprezo, especialmente por parte dos economistas. Tudo que torna as coisas inseguras mas confiáveis. Pode ser que apenas quando pararmos de pensar em termos de barganha e valor de mercado estaremos prontos para experimentar nossa liberdade de novo. Não apenas a liberdade de agir de acordo com nossas escolhas, mas a liberdade de levar nossos sonhos a sério e de recolocar o idealismo no lugar que um dia nos foi sagrado.

▼

O objetivo de nos concentrarmos no idealismo é que ele é parte do que pode nos sustentar quando agimos de acordo com nossos valores. Nosso idealismo nos dá a convicção para trazermos ao mundo os modelos de organizações eficazes, de uma maneira que afirme nossos valores mais profundos, sem nos importarmos se o mundo vai ou não recompensar nosso empenho. Por exemplo, se dizemos que o que mais nos importa são a compaixão, a justiça e a reconciliação, essas qualidades definirão como implementaremos o modelo de local de trabalho em que acreditamos. Nosso idealismo nos permite agir de acordo com nossos valores por amor a eles e a não nos deixarmos atrair por novas estratégias de ação que tenham por base a barganha e os interesses pessoais. Nós defendemos táticas de viver nossos compromissos na prática e não esperamos ser recompensados por escolher esse caminho. Caso contrário, o tipo de organização que queremos criar (nosso modelo) acaba sendo poluído pela maneira como tentamos concretizá-lo (os meios). Ficamos presos aos fins que justificam os meios. Para evitar isso, recapturamos nosso idealismo como uma das precondições para agir de acordo com o que importa.

5

intimidade

suportando o toque de intimidade. A segunda condição para agir de acordo com o que importa é escolher a intimidade a despeito de um mundo instrumentalizado. O desafio é sustentar nossa humanidade quando tudo ao nosso redor está sendo automatizado. A intimidade tem a ver com a qualidade do contato que fazemos: ela valoriza mais a experiência direta do que a experiência eletrônica ou virtual. É uma imersão no mundo dos sentimentos, uma conexão com os sentidos e uma forma de vulnerabilidade – todas elas, não por acaso, consideradas riscos em nossas instituições. Em um mundo instrumentalizado, as pessoas são consideradas ativo, recursos a serem aproveitados; elas não são valorizadas como seres humanos únicos e altamente variáveis. As instituições dependem de consistência e previsibilidade, enquanto a intimidade depende de variação e surpresa.

A vantagem da desconexão

A instrumentalização transforma nossos corpos em ferramentas – ou, em última instância, em safras. Meu amigo Peter Koestenbaum contou-me a seguinte história de quando ele conduzia um seminário de Filosofia de Negócios em uma companhia de petróleo. Quando ele começou a falar, um dos participantes o interrompeu e disse: "Nós queremos que o senhor saiba, professor, que nossos cérebros são feitos de cimento".

Peter respondeu: "Bem, vocês têm um coração, não?"

"Nós o chamamos de máquina de bombear."

No mundo do comércio, o coração torna-se uma bomba. Tudo é definido por sua utilidade – com tanta freqüência e por tanto tempo – que aplicamos esse raciocínio a nós mesmos: meu corpo não é mais valorizado como o templo da minha alma, mas como uma commodity, um quebra-cabeça mecânico, a engrenagem suprema. Chegará um tempo em que todo meu corpo se tornará completamente substituível, do cérebro ao coração, bem como o resto dos meus órgãos e membros. E se houver uma falta de partes sobressalentes no estoque, sem problema, meu corpo pode ser clonado – uma cópia exata de mim poderá ser feita. Oferta e procura. Quando eu morrer, meu valor líquido subirá. Meus órgãos, coletados e vendidos individualmente, terão um valor de mercado perto de um milhão de dólares. Assim, no fim, a soma de minhas partes poderá valer bem mais do que o todo. Quando isso acontecer, o mundo do comércio terá transformado o corpo humano em um produto. Um grande contraste com a idéia de que o corpo é a encarnação física de nossa existência.

> A intimidade é uma forma de se relacionar com o mundo na qual as sensações, o tato, a visão e o olfato são a questão. O contato próximo com outra pessoa, com a natureza, com uma obra de arte, com uma idéia, com nossos próprios corpos – são todos elementos componentes de uma vida de intimidade.

A intimidade requer uma exposição livre e voluntária, muitas vezes à custa de valores instrumentais, como a representação de papéis, o controle e a negociação. A intimidade valoriza o detalhe e as nuances da vida, preocupa-se com a cor, a forma e a luz de uma sala. Ocupa-se dos detalhes das interações com outras pessoas. É sensível para o que está além do conforto e reconhece a dor da existência. A intimidade preocupa-se mais com o destino de uma pessoa do que com o sucesso de uma instituição. Dessa forma, a intimidade pode se tornar uma postura política que parece colocar as instituições em risco. Essa é uma das razões pelas quais tememos a intimidade no local de trabalho: se nos apegarmos demais a uma idéia, a pessoas, ou até mesmo a um produto, não teremos o distanciamento necessário para nos empenharmos nas duras cirurgias institucionais.

A intimidade, assim como o idealismo, tem pouco valor de mercado. A intimidade não pode ser medida e é difícil definir seu preço e comprá-la, por mais que tentemos. Quando você pensa em se tornar um artista (o arquétipo de alguém que está em contato íntimo com a natureza, com as idéias e com o mundo dos sentidos), a palavra *faminto* vem logo à cabeça. A intimidade também envolve um elemento de ativismo, de disposição de expor-se – muitas vezes. Significa estar dialogando com outros, estar na presença das pessoas com freqüência suficiente para saber como elas são, o que pensam e sentem. É experimentar, compartilhar dúvidas e discutir as diferenças. É um esporte de contato, em que o toque é fundamental.

A experiência virtual

A intimidade está se tornando obsoleta com o crescimento da cultura eletrônica. Nós preferimos as videoconferências em vez de encontros cara a cara, freqüentamos escolas on-line, usamos e-mail, voice mail e tudo o mais, tudo em nome do custo e da eficiência. Como Robert Putnam e outros vivem nos lembrando, o engajamento cívico e o capital social, que são formas coletivas de intimidade, estão em declínio em nossas comunidades. Ficamos em casa à noite, a varanda foi mudada para a parte de trás da casa, e estamos ocupados ou exaustos demais para participar de esforços ativistas e coletivos. Nós só comparecemos em grande número em eventos esportivos ou de entretenimento. Em vez de esportes de contato, queremos esportes em que sejamos espectadores.

Em sua capacidade de substituir ou aprimorar o esforço humano, a tecnologia informática também muda a natureza da experiência humana. Por toda sua capacidade de fazer o mundo funcionar, ela pode aumentar, sem querer, minha sensação de isolamento e reduzir minha capacidade de agüentar uma relação íntima, não apenas com pessoas, o que é sempre difícil, mas com meu ambiente, meu local de trabalho, minha vizinhança, meu mundo.

Uma maneira de perceber o impacto da tecnologia em nossa experiência é observar como ela nos guia em direção a uma existência mais virtual. Virtual significa algo que "existe como faculdade, embora não de forma atual" (Webster). A realidade virtual nos dá a impressão ou simula uma experiência, sem que tenhamos a experiência propriamente dita. Grande parte da tecnologia eletrônica nos oferece eficiência e acesso infinito à informação, em vez de uma experiência direta. A única experiência direta oferecida é com um monitor, um teclado e uma variedade de dispositivos mágicos. Antes eu conhecia o caixa do banco, agora sou amigo do caixa automático. Antes eu ia a uma loja para comprar, agora eu compro pela Internet. Em tudo isso eu ganho conveniência, mas sacrifico o contato humano e material.

A intimidade como estratégia de marketing

A linguagem é outro exemplo. Somos definidos por nossa linguagem e estamos trazendo cada vez mais a linguagem da tecnologia para o nosso diálogo cotidiano. O que antes era uma conversa é considerado, agora, uma "troca de informações". Quando queremos ter uma conversa particular, nós "falamos em *off*". Quando falamos sobre "comunidade", estamos nos referindo a uma rede de longa distância com pessoas que podemos nunca ter encontrado pessoalmente.

E o comércio está agora optando também por seu próprio uso da linguagem do relacionamento. Nós agora ouvimos o termo *intimidade com o cliente*. Uma grande empresa de tecnologia anuncia orgulhosamente que está "no negócio de construção de relacionamentos" e oferece as últimas novidades para desenvolver intimidade com o cliente. O que eles querem dizer com "construção de relacionamentos" é:

saber o suficiente a meu respeito para ter o produto certo, no lugar certo, com o preço certo e na hora certa. Essa é a versão deles de um relacionamento: dados detalhados sobre um cliente, prontos para serem monetarizados e vendidos.

Antes, intimidade significava um encontro próximo, e agora é uma estratégia de marketing. As companhias sabem tudo o que há para saber sobre mim, o cliente: meu nível de renda, se sou um cliente de alta ou baixa manutenção, quais são os meus padrões de compra, quais os outros produtos que pessoas como eu costumam comprar. Eles sabem mais sobre os meus padrões de compra do que eu. Acredito que algum dia me conhecerão bem o suficiente para me mandar roupas novas que nunca encomendei. E o que me incomoda mais é que eles talvez estejam certos: eu provavelmente vou gostar do que eles enviarem para minha casa. Essa forma de intimidade pode se tornar bem cara. E, o que é pior, se hoje eles podem me oferecer calças, será que a oferta de uma esposa está muito longe?

É uma declaração profunda sobre a natureza de nossa cultura quando a intimidade se torna um instrumento de comércio. É interessante que, antes de o termo ser comercializado, ele não era bem-vindo na vida institucional. Agora que perdeu seu significado original e pode ser usado para vender, tornou-se estratégico e, portanto, aceitável.

O desaparecimento do lugar

Quando pegamos a linguagem e o conhecimento antes reservado para os amigos íntimos e a família e, por meio da tecnologia, comercializamos isso, nosso sentido de lugar no mundo muda. O que antes fazíamos com os amigos, com a família e com a pessoa amada agora fazemos com nossos fornecedores. O comércio aproxima-se cada vez mais do centro de nossas vidas e começa a criar uma membrana eletrônica entre nós e o que era, se não sagrado, ao menos humano e pessoal.

> O resultado é que a intimidade com o mundo natural e material está sendo suplantada pela intimidade com o mundo eletrônico.

Eu agora gasto muitas horas, dias até, aprendendo como navegar e me tornando dependente desse mundo eletrônico. Eu era capaz de acertar um relógio e dar corda nele, de virar a página de uma agenda de endereços, de me surpreender com quem estivesse ao telefone, de fazer comida sobre o fogo, de ler simplesmente virando a página. Podia escrever com uma letra inteligível, podia soletrar, caminhar pelo corredor para comunicar-me com colegas de trabalho, somar, multiplicar e dividir. Agora não posso mais fazer nada disso. Toda vez que compro um novo dispositivo para poupar trabalho e mudar minha vida – o que faço porque sou levemente viciado neles –, passo horas selecionando modos de operação, mudando configurações, esperando que os números parem de piscar, escondendo senhas que nunca encontro e comprando pilhas.

A tecnologia é fascinante, útil, eficiente e, às vezes, salva vidas. Mas também tem o efeito de nos afunilar ainda mais em uma maneira virtual de ser e de reduzir nossa capacidade de viver uma vida que importa. Por exemplo, ela nos dá a ilusão de ir a algum lugar. A Microsoft pergunta: "Aonde você quer ir hoje?" Bem, eu não estou indo para lugar nenhum de verdade. Eu estou sentado aqui, bem em frente ao meu monitor. Por todos os seus benefícios, a tecnologia aumenta minha passividade, me isola, e automatiza mais do que apenas meu trabalho.

A ilusão da realidade eletrônica

Perco contato comigo mesmo quando perco contato com o que é real, com o que é essencial para ser uma pessoa, parte da terra, interligado com outros seres humanos. Quando me acostumo com a experiência virtual, quando minha vida particular organiza-se cada vez mais ao redor da minha vida profissional, quando o mundo eletrônico, por mais perfeito que seja, começa a substituir o meu mundo imperfeito, decadente, mas vivo e arejado, eu me torno uma ferramenta.

Aqui está um resumo do impacto que a nossa perda de intimidade tem sobre nossa capacidade de agir de acordo com o que importa.

O fim do toque de realidade. Quando vivo uma vida virtual, na qual posso escolher minhas experiências a partir de um *menu*, tenho a ilusão de total controle sobre minha vida e a das pessoas à minha volta, o que, em termos clínicos, poderia ser chamado de doença mental. É a condição última de alguém que está fora de contato com a realidade. É o equivalente ao desejo de muitas pessoas de ter um jardim que não precise de manutenção. Um amigo, Allan Cohen, questiona de maneira engenhosa a minha preocupação, ao perguntar por que achamos que as flores de plástico não são reais. Elas *são* reais, ele diz. Elas são de plástico real. Você também pode argumentar que nossas experiências eletrônicas são reais, mas que, por acaso, são eletrônicas.

O fim da natureza. De certa forma, a perda da intimidade na cultura moderna está tornando obsoleta a própria natureza. Na agricultura, temos agora sementes com genes de autodestruição. Isso significa que a semente é boa apenas para uma plantação e uma colheita. O poder regenerativo tradicional da semente, como eterna doadora de vida, acabou. No momento em que o gene de autodestruição foi introduzido, o poder gerador de vida da natureza acabou, e agora a capacidade de produção de outras colheitas foi transferida para a Monsanto e a Archer Daniels Midland.

Pense agora na facilidade de fabricação de cenários externos. Vá para Las Vegas ou para o Hotel Opryland em Nashville. Nesses dois lugares houve a substituição de espaços ao ar livre por painéis gigantescos. Você sai do hotel, dá uns passos para fora, desce a rua e descobre que o que você pensou que era o lado de fora é apenas uma grande cúpula que cobre o mundo nas imediações. Nesse mundo simulado, a temperatura é sempre de 21 graus, nunca chove e o sol nunca bate nos seus olhos. Eu me lembro de um restaurante em Las Vegas onde nos perguntaram se queríamos lugares ao ar livre ou dentro do restaurante. Nós escolhemos ao ar livre e eles nos colocaram em um pátio: um belo anoitecer, estrelas brilhando, a luz do dia sumindo lentamente, uma leve brisa soprando do sudoeste. Então percebemos de repente que estávamos debaixo de uma grande cúpula. O pôr do sol, as estrelas e a brisa eram parte desse cenário natural fabricado. Quem precisa de natureza quando pode ter uma noite como essa?

Aprendizado alavancado. Os computadores e a tecnologia de longa distância estão mudando nossas salas de aula e de conferência. O aprendizado está sendo essencialmente "alavancado". O aprendizado à longa distância está automatizando o campus e as salas de aula das faculdades. Meu professor favorito será agora alguém que eu nunca vi. Nós seremos ensinados por um "professor principal" que estará em algum local remoto. A idéia de um professor principal em um local, transmitindo sua sabedoria e seu conhecimento para milhares de outros locais, é uma indústria em crescimento. Isso é confundir aprendizado com troca de informações. O aprendizado à longa distância desvirtua a intimidade do relacionamento tradicional entre professor e aluno. Se acreditarmos que todo aprendizado é social e, portanto, íntimo, então o aprendizado torna-se apenas mais uma maneira de nosso desejo por eficiência e valor econômico substituir nossa necessidade de conexão humana.

Ativismo digital. Nossa capacidade de intimidade também é ameaçada pela maneira como a tecnologia eletrônica substitui o engajamento social e cívico. Hoje em dia, acho que posso conseguir tudo que preciso em meu centro doméstico de entretenimento e nunca saio de casa, não encontro meus vizinhos nem conheço a prefeitura. Parte do problema é que a tecnologia é vendida como uma criadora de comunidades. Qual é a importância de me conectar com pessoas na China se eu nunca vou até o vizinho ou até o centro da cidade? A tecnologia aumenta nosso isolamento, ao mesmo tempo que promete superá-lo. Minha mãe costumava manter a TV ligada o tempo todo para tentar superar sua solidão. Não resolvia. A TV apenas fazia barulho suficiente para que ela não tivesse de fazer contato com outras pessoas que poderiam proporcionar a ela um alívio verdadeiro.

▼

Como nosso idealismo, a intimidade é necessária para que continuemos a agir de acordo com o que importa. Temos de fazer um esforço especial para aprofundar nossa participação direta no mundo. Isso não é um argumento contra a tecnologia; ela apenas não é um substituto para o contato direto. O custo final da conexão virtual é que ela nos isola e nos torna dependentes de uma realidade construída por outros. Ela restringe nossa disposição de nos expormos e investirmos na realização de nossos desejos. Nossos desejos ganham vida por sua exigência de contato, vulnerabilidade, exposição, surpresa e sentimentos brutos. Nenhuma dessas coisas pode ser considerada condição importante para barganhas primárias em uma cultura instrumentalizada. A intimidade também é mais do que uma simples forma de se relacionar. É maravilhar-se e conectar-se com a terra, com a humanidade em geral e com algo mais importante do que aquilo que podemos manifestar com facilidade. É algo que não se deixa conhecer ou administrar. Ela deve ser escolhida pela pura experiência, ou perde sua qualidade. Isso é o que agir de acordo com nossos propósitos mais profundos acarreta, e atuar em um ambiente de isolamento e experiência virtual torna mais difícil agir de acordo com esse conjunto de valores.

6
profundidade

suportando a profundidade da filosofia. Se para agir de acordo com o que importa é necessário idealismo e contato íntimo, é também necessário ir mais fundo em nosso "eu" e refletir um pouco mais sobre o que mais nos importa. Isso inclui reservar tempo e espaço para pensarmos de maneira independente e valorizarmos a jornada interior. Sem a disposição para ir mais fundo, há pouca chance de sucesso para qualquer mudança autêntica.

Estamos desacostumados de pensar e questionar; preferimos ações e respostas. Nossos clichês favoritos expressam nossa preferência pelo fazer e nossa ambivalência em relação à reflexão e à interiorização:

- É melhor fazer do que falar.
- Não faça o que eu digo, faça o que eu faço.
- Falar, afinal, é fácil. As ações falam mais alto do que as palavras.
- Não fique aí parado, faça alguma coisa!
- Só tem um jeito de provar o que você está dizendo: colocando a mão na massa.
- Quem pode, faz. Quem não pode, ensina.
- Mais vale um pássaro na mão do que dois voando. (Fico me perguntando o que os pássaros acham disso.)

Ocupações intelectuais não são muito populares em nossa cultura moderna. Temos uma imagem negativa daqueles que passam a vida toda tentando compreender. Condenamos o intelecto menosprezando a "torre de marfim". Qualquer um que valorize mais o pensamento do que a ação é tachado de cabeça nas nuvens, sonhador, idealista, preocupado com o próprio umbigo. O pensamento sério, e o tempo e a profundidade que ele requer, torna-se um luxo, uma distração nada prática.

Espaço interior

Pensar, refletir e ir mais fundo leva tempo e exige uma abordagem pessoal – para questionar nossas crenças, teorias e sentimentos. Quando decidimos reservar um tempo para pensar, para refletir, ficamos nervosos. O medo é que, se usarmos o tempo para questionar, para pensar, para fazer uma introspeção, pode não sobrar o bastante para agir ou fazer. Não nos cabe perguntar o porquê, só nos cabe fazer ou morrer. Mensagem interessante: se você questiona, você morre.

É difícil imaginar-se fazendo qualquer mudança importante na vida sem uma jornada interior. Pense em Cristo no deserto por quarenta dias. Foi no deserto que ele lidou com suas próprias dúvidas e tentações e de onde ele emergiu após escolher sua liberdade e seu destino. É em nossos desertos internos que nos lembramos do que realmente importa. É em nossa jornada interior, realizada nas horas extras, que desenvolvemos a capacidade de sermos íntimos de nós mesmos e dos outros, do ambiente e do mundo. É decidindo que somos seres humanos profundos, com vidas interiores, que definimos quem somos e recolocamos nossos ideais em foco. Colocar isso em um cronograma é minar as possibilidades que nos são abertas. Poderíamos até estar dispostos a ir ao deserto por cinco dias – quem pode desperdiçar quarenta dias com tanto para fazer e tão pouco tempo para tudo? Há muitas coisas na nossa cultura que tornam difícil o aprofundamento; quero me concentrar em uma delas: nossa relação com a velocidade.

A velocidade é Deus e o tempo é o diabo

Estamos bem familiarizados com o valor da velocidade. A era da informação construiu sua reputação sobre ela. A importância de ser o pioneiro no mercado, a importância de um ciclo de tempo rápido, de fazer o dinheiro girar rápido, de uma resposta vinte e quatro horas por dia, sete dias por semana. Estamos à disposição a qualquer hora, em qualquer lugar, para tudo que você precisar. É só ligar.

A profundidade passa a ser vítima desse nosso caso amoroso com a velocidade. Assim como em muitos aspectos da vida moderna, o que começou como uma exigência do comércio expandiu-se e vazou para a estrutura de nossas vidas. Há necessidades legítimas de velocidade, como por exemplo nas emergências, ou em mercados em que ser o primeiro é tudo. Essas necessidades legítimas, no entanto, muitas vezes se expandem para mudar de maneira ilegítima todos os demais aspectos de nossas vidas – inclusive como pensamos na realidade e quem somos. Dessa forma, a velocidade torna-se a antítese da profundidade, talvez até uma defesa contra ela.

Alguns exemplos comuns da vida moderna, vinte e quatro horas por dia, sete dias por semana:

- Eu prefiro fast food. Talvez até mesmo uma refeição gourmet, de baixas calorias, de alta qualidade, direto do freezer – mas de qualquer jeito, alguma coisa rápida.
- Quando vou a um restaurante convencional, ele se transforma em minha central telefônica particular.
- Estou sempre de sobreaviso e minha casa passou a ser mais um local de trabalho.
- Meu cinto agora é só um suporte para pagers e celulares.
- Encomendas e cartas chegam em 24 horas, ainda que eu as ignore por dias depois de elas terem chegado.
- Não tenho tempo para ler, então digiro tudo em grandes bocados e sumários executivos.

A velocidade e a qualidade da experiência

Quando a velocidade torna-se medida de desempenho, ela governa não só nosso modo de experimentar a vida, mas também sua qualidade. A velocidade passou a ser um motivo para nos contentarmos com uma qualidade inferior e para ignorarmos desejos. Uma amiga, Meg Wheatley, me falou sobre um poeta que concordou em publicar um poema em um prazo bem apertado. Quando ela perguntou como ele conseguira fazer isso, ele disse: "Tudo o que tive de fazer foi abaixar meus padrões".

Como expressão desse materialismo temporal, acreditamos que temos de adiar o que importa até mais tarde na vida. As pessoas jovens acreditam que primeiro precisam ganhar dinheiro, para depois fazer o que tem significado. Elas fazem isso optando pela "via rápida". Colocar em prática um conjunto de ideais, fazer o que quero, ter um contato mais profundo com o mundo e realmente engajar-me com os que estão ao meu redor – tudo isso é adiado.

Escassez artificial

A questão é descobrir se a necessidade de velocidade é real ou fabricada. Sob vários aspectos, a falta de tempo é uma escassez artificial. Achamos que estamos aumentando o valor do tempo quando o tornamos mais escasso do que ele objetivamente é. Por que chegamos ao ponto de pensar que não há tempo suficiente? Sabemos exatamente quanto tempo há. Não sabemos quando morreremos, é verdade, mas o número de horas de um dia é completamente previsível e fácil de administrar. Ainda assim, parecemos lutar contra o tempo e o relógio.

A exigência do mercado por velocidade pode ser um padrão realista para a produção, mas quem disse que tem de se tornar um padrão para nossas vidas? Por que a velocidade é Deus e o tempo é o demônio? Será que realmente acreditamos que ter tempo nas mãos é flertar com o demônio? Quando foi que se tornou um erro andar – pausadamente – em vez de correr? Quando foi que decidimos que deveria haver uma velocidade mínima nas estradas? Acabamos usando a velocidade para lutar contra o demônio do tempo livre, da experiência não estruturada, de caminhar sem destino, do vazio e da falta de direção que existe em nossas vidas. Talvez a velocidade preencha um vazio para que não tenhamos de lutar contra ideais, contra a intimidade e contra a profundidade.

Também tratamos o tempo como um fato, e não como uma simples percepção. Na realidade, somos nós que decidimos o que significa rapidez ou lentidão. Em um consultório médico, o tempo se arrasta; quando estamos apaixonados, os dias voam.

Se queremos profundidade, precisamos sair do tempo.

A qualidade de nossa experiência não é medida pelos segundos do relógio, mas por sua intemporalidade. Nós nos iludimos quando perguntamos quanto tempo levará para sabermos quem somos, tornarmo-nos conscientes, identificarmo-nos com nosso propósito ou lembrarmo-nos de nossa própria história e nos perdoarmos.

As coisas que nos importam são medidas por sua profundidade. Você avaliaria sua humanidade pelo tempo que ela demorou para aparecer? Quando vejo a mim mesmo como um produto influenciado pelo tempo, quando me valorizo pelo que produzo, isso significa que transformei a profundidade, as longas reflexões e a jornada interior em prazeres marginais. Em vez de fazer o que importa, passo minha vida fazendo o que funciona. Isso aumenta meu valor de mercado e adia a questão do meu valor humano.

Não é de estranhar que nos sintamos perdidos, ou por vezes até impotentes, já que a velocidade é indiferente a seu destino. Temos mais ou menos a mesma pressa para fazer as coisas que não têm sentido quanto para fazer as coisas que importam de verdade. Às vezes, a única meta é ser mais rápido. Agir de acordo com o que importa significa saber a diferença entre mover-se com rapidez e saber aonde se está indo. Sei que, quando estou dirigindo e me perco, acabo sempre acelerando. Tanto faz saber ou não aonde estou indo, ou se estou indo para o lugar errado; quero chegar lá rápido. Isso sugere que a velocidade pode ser, por si só, uma indicação de que estamos perdidos.

▼

Se decidimos agir de acordo com o que importa, nossa percepção de ritmos tem de mudar. Há sempre tempo para fazer tudo que importa de verdade: se não há tempo para fazer alguma coisa, é sinal de que essa coisa não importa. Se argumentamos que a rapidez não foi escolha nossa, mas uma imposição do mundo, ainda assim temos que exigir nossa liberdade e nos arriscarmos a dizer *não*. Se adoramos andar rápido e a velocidade é nossa amiga, precisamos perguntar o que estamos adiando. Simplesmente não há nenhum jeito de encurtar o tempo que a profundidade exige. Qualquer dos valores que nos são caros definha sob a pressão do tempo. É difícil imaginar uma compaixão instantânea, uma reconciliação instantânea ou justiça instantânea. Se nos rendemos à tentação da velocidade, abreviamos o tempo de vida de nossos valores. No fim, ficamos desapontados e perdemos a fé em nossa tentativa de trazer ao mundo nossas estratégias e modelos.

Parte **3**

os requisitos

Esta seção é sobre as maneiras de nos isolarmos o suficiente do poder da cultura para termos uma chance exterior – ou, mais precisamente, uma chance de alguém que se coloca do lado de fora – de realizar nossas intenções. Os "requisitos" são mais propriamente um jeito de pensar do que uma lista de coisas a fazer. Parto da pressuposição de que temos todas as habilidades, todas as ferramentas, todo o treinamento de que precisamos. Além disso, provavelmente já temos a liderança que merecemos. Apesar de todas as mensagens que a cultura nos envia, podemos optar por nos tornarmos cidadãos plenos e nos transformarmos em causa em vez de efeito. Isso significa que precisamos agir como se coubesse a nós criar nossas instituições, definir nosso aprendizado, nos transformarmos na liderança que procuramos. Significa nos libertarmos das garras de nossa ambição e decidirmos cuidar de algo suficientemente amplo para dar um propósito maior ao nosso trabalho e à nossa vivência.

7

cidadão

exigindo cidadania plena. Nossos locais de trabalho são grandes laboratórios para a expressão de nossos valores, uma vez que não são projetados para afirmar o idealismo, convidar a uma maior intimidade ou encorajar a profundidade. Ao contrário, são campos de cultivo da barganha, da tecnologia virtual e da velocidade. Se queremos passar a nos concentrarmos no propósito e não na metodologia, temos de trazer isso para o trabalho.

Agir de acordo com o que importa é o ato de mudar o mundo por meio de um conjunto de valores pessoais que definem quem somos. Esses valores podem ser encontrados sob o manto da personalidade, do estilo, da vocação e de uma infinidade de outras características que são visíveis para os outros. Os próximos capítulos propõem maneiras de repensar nosso relacionamento com o local de trabalho, maneiras de abandonar a mentalidade patriarcal que ainda caracteriza a maioria de nossas organizações, apesar de anos de esforços sinceros para mudá-la.

A discussão aplica-se a todos nós – funcionários vitais, supervisores e altos executivos – porque a luta pela liberdade não fica mais fácil conforme subimos a escala organizacional. Aqueles que estão no topo da hierarquia estão tão constrangidos por essa mentalidade quanto aqueles que estão começando na empresa hoje, talvez até mais. A crença de que a alta gerência é livre, e de que a média e a baixa gerência não, é pura fantasia. Os que estão no topo podem ser ricos e poderosos, mas eles lutam tanto quanto qualquer um para encontrar sua voz, seu propósito e seu valor.

Definindo-nos como cidadãos

Ser um cidadão, no sentido político, é ter o direito de votar, de ser um membro da sociedade e de criar sistemas que apóiam, e não negam, nossa liberdade. No local de trabalho, não temos o direito de eleger nossos líderes, e eu não sugiro que façamos isso. Nós, no entanto, votamos com nossos pés, nossos corações, nossa energia e nossa preocupação ou indiferença em relação ao desempenho da instituição no mundo.

Precisamos decidir se nos colocaremos totalmente a serviço ou só da boca para fora. Podemos ser chamados de empregados, mas podemos optar por definirmo-nos como cidadãos.

Decidir agir como cidadãos significa que somos a causa de nosso ambiente, e não seu efeito. Não somos consumidores da organização, esperando para ver o que a gerência tem em mente para nós ou o que ela quer nos vender. Decidimos o que esse lugar se tornará. Como cidadãos, temos a capacidade de agir de acordo com nossos ideais, de sermos íntimos e de ir mais fundo, mesmo que as nossas instituições não recompensem isso.

Pensei em chamar este capítulo de "Amadurecendo", mas o termo parecia um pouco inadequado, além de já ter seu próprio peso. Faz parte do amadurecimento perceber que só podemos contar com nós mesmos, e isso exige que vejamos o que está ao nosso redor com o mínimo de ilusões possível. A cidadania tem a ver com reclamar nossos direitos políticos, enquanto amadurecer diz respeito à nossa liberdade emocional. Talvez o significado sem eufemismos de amadurecer seja aceitar que colocar em prática nossos valores – e também conquistar a aprovação dos que têm poder sobre nós – é um anseio impossível de se realizar. Quando amadurecemos emocionalmente ou exigimos nossa cidadania em termos políticos e organizacionais, perdemos a proteção do mundo paternalista.

Agir de acordo com o que importa significa que consistentemente nos sentiremos vivendo à margem de nossas instituições e de nossa cultura. Isso exige um certo distanciamento do convencional. Significa que nos comprometemos com um estado de inocência, ainda que de olhos abertos, que tem por objetivo mudar o mundo que herdamos. A cultura dominante nunca apreciará plenamente a escolha que fizermos. Esse é o custo da cidadania,que não vem de graça nem é barata. É a via da contracultura, que trata nossa vida pessoal e de trabalho como experimentos de responsabilização pessoal.

A disposição para ser radical

"O radical, compromissado com a liberação humana, não se torna o prisioneiro de um 'círculo de certezas' dentro do qual a realidade também está aprisionada. Ao contrário, quanto mais radical a pessoa é, mais completamente ela adentra a realidade, de forma que, conhecendo-a melhor, pode transformá-la. O indivíduo não tem medo de confrontar, de escutar, de ver o mundo desvelado. Essa pessoa não tem medo de encontrar pessoas ou de dialo-

gar com elas. Essa pessoa não se considera proprietária da história de todas as pessoas, nem libertadora dos oprimidos, mas compromete-se... a lutar ao lado delas."

— Paulo Freire, *Pedagogia do Oprimido* (p. 21)

O chamado de Freire para a luta pela cidadania plena é uma declaração forte. A maioria de nós não se considera um radical combatendo a opressão. As formas de opressão sobre as quais poderíamos refletir, no entanto, são as coisas ao nosso redor que não apóiam os valores que mais nos importam. Há muita coisa em nossas vidas coletivas que não apóia a liberdade, a compaixão, a criatividade ou a justiça. Ser radical é apenas encontrar uma maneira de pensar que é única para cada um de nós. Ao agirmos de acordo com o que importa, nós nos colocaremos na posição de radicais tão logo tivermos criado nossa própria maneira de afirmar nossos valores mais profundos. É isso que quer dizer amadurecer: aceitar o risco e o desconforto. A cidadania plena em uma instituição e em uma cultura de alto controle será sempre um ato radical. Nosso desafio é encontrar uma maneira de ser radical que exclua a violência e o egoísmo que têm sido associados ao termo.

Isso é mais fácil de falar do que de fazer. Simplesmente falar sobre amadurecer até alcançar a cidadania plena não significa que já a experimentamos. Eu fiquei mais velho, mas não tenho certeza se amadureci. Aliás, durante boa parte de minha infância eu não queria amadurecer. Ser adulto parecia ser um fardo insuportável. Os adultos que eu conhecia davam a impressão de estar vergados pelas responsabilidades e pareciam estar sempre em um leve estado de depressão. Como criança, tive de conviver com o fato de que os adultos tinham o poder e nem sempre o usavam como eu gostaria. Eu também associava o amadurecimento com a perda dos sonhos, o que me parecia um enorme perigo. Isso representava uma perda de liberdade que começava com a chegada da maioridade e terminava com a chegada das responsabilidades. E amadurecer parecia exigir que eu abandonasse o mundo dos impulsos naturais e fizesse o que fosse necessário, acima de tudo, para me sustentar. Eu sabia que o economista e o engenheiro eram os donos do poder, e eu sabia que precisava me tornar súdito deles.

Olhando para trás, acho que peguei mais ou menos bem o espírito da coisa. Mas só mais ou menos. O que eu não pude ver foi que a disposição de suportar o fardo de ser adulto – de exigir os direitos e responsabilidades da cidadania plena no mundo – não significava necessariamente o fim dos meus sonhos. Não exigia que eu abandonasse os meus ideais, sacrificasse minha liberdade ou desfizesse os vínculos com aqueles à minha volta. Apenas parecia ser assim. Na verdade, em algum momento lá pelos meus trinta e poucos anos, meus sonhos se transformaram em um sentido de propósito. Ainda assim, sempre foi uma luta encarar a possibilidade de encontrar a liberdade, que eu pensava que só era possível se eu não fosse responsável – em outras palavras, se não amadurecesse. Inconsciente das vantagens da idade adulta, eu queria permanecer uma criança pelo maior tempo possível, e fui um tanto bem-sucedido nisso. É um dos destaques do meu currículo.

Criando o mundo

Amadurecer significa ver o mundo como ele é. Amadurecer de verdade significa perceber que o mundo realmente pode ser como o vemos. Ver o mundo como ele é de verdade torna-se uma moeda de duas faces: ter uma visão genuína do que está lá fora, e saber que sou eu quem decide o significado do mundo, seja ele qual for. O mundo vem a mim como um fato, mas eu decido o que concluir a partir desse fato.

Não é algo zen, é apenas algo complicado. Aqui está um resumo do que significa agarrar-se ao idealismo de uma criança enquanto o trazemos à consciência de um cidadão adulto:

1. Continuar a articular nossas intenções e sonhos. Permanecer atentos à expressão de nossos desejos. Isso significa parar de nos identificarmos de maneira tão forte com o que fazemos e nos concentrarmos no que somos. A pergunta "O que devo fazer em seguida?" não é uma pergunta relacionada aos nossos desejos; ela nos arrasta de volta ao método. Apenas a intenção clara de quem somos, seja qual for o grau de clareza que tenhamos no momento, pode substituir o esforço que a cultura faz para nos definir pelo que fazemos ou pelo que estamos aptos a fazer bem. A cultura não mudará, a não ser que persigamos deliberadamente nossas intenções. Ainda assim ela pode não mudar, mas ao menos teremos parado de cavar o buraco.

2. Confiar em nossos olhos e em nossa intuição. Ver as coisas como que elas são. Isso significa estar disposto a ver o mundo como ele é, não como nos é apresentado. A parte dolorosa é sentir nosso sofrimento interno e ver claramente o sofrimento ao nosso redor e não racionalizá-los ou descartá-los – mesmo que sejamos incapazes de mudá-los. Isso requer um certo sentido trágico da vida. Pensar positivamente é algo que facilmente pode nos levar a buscar medicações. Quanto mais precisamos nos lembrar de pensar positivo, mais imersos ficamos na tarefa de negar nosso desespero frente às adversidades que vemos ao nosso redor.

É decidir nos afastarmos o suficiente para a margem da cultura de modo a enxergá-la claramente. A norma e o normal não nos servem muito bem. Muitos de nós tentamos com afinco viver uma vida "normal", e como estamos nos saindo? Fiz juramentos que não cumpri, magoei as pessoas que amei, e não há conversa interior que vá mudar isso. Se eu puder aceitar esses conflitos em mim mesmo, minhas chances de ver os conflitos dos outros de forma compassiva aumentam. Isso significa que temos de estar dispostos a ser anormais e imperfeitos. Temos de estar dispostos a ver claramente e a questionar o que os outros parecem tolerar. Qualquer resposta dada pela cultura dominante nunca será suficiente.

3. Tornar-se sujeito, não objeto. Agir de acordo com nossa liberdade de maneira mais agressiva. Reconhecer a diferença entre ser um cidadão e um consumidor. A diferença entre sujeito e objeto. Os cidadãos têm a capacidade de criar para si mesmos o que quer que eles necessitem. Cidadãos têm poder, clientes têm necessidades. Fomos reduzidos a seres que têm um conjunto de necessidades a serem satisfeitas. Temos desejos, não necessidades – e podemos satisfazer nossos próprios desejos. As necessidades dão origem a produtos que criam a ilusão de que podem nos dar o que desejamos. Os consumidores renunciam à sua liberdade em nome da conveniência, da segurança, do ganho pessoal, da superioridade, do prazer e do valor material. Coisas bastante atraentes, mas que não valem o que custam.

Então agimos como cidadãos, responsabilizando-nos pela reconstituição do mundo à nossa volta. Isso significa parar de reclamar. A reclamação é a expressão de nossa impotência. Por exemplo, adoramos reclamar do governo. Se amadurecêssemos, pararíamos com isso. Não há razão para reclamar do governo, já que o cidadão é dono do governo e o cria. O governo existe para fazer as coisas que não podemos fazer sozinhos. Quando reclamamos do governo, estamos reclamando de nós mesmos. Ele é o *nosso* governo, e, quando nos tornarmos responsáveis por nossa segurança, por nossa vizinhança e pela educação de nossas crianças, vamos parar de reclamar.

4. Buscar intimidade. Tentar restabelecer uma conexão íntima com o mundo. Vemos nossas instituições como uma expressão de nós mesmos e agimos para humanizá-las. Sabemos o quanto é importante que o espaço em que vivemos tenha sinais de vida. De natureza. Reafirmar que a natureza é nossa e nos afastarmos de suas versões simuladas. Não jantar sob cúpulas de vidro, já que queremos saber como está o tempo lá fora. Preocupar-se com o meio ambiente tanto nos grandes quanto nos pequenos detalhes, pois os limites entre nosso corpo e o mundo externo são arbitrários.

Isso também significa que eu dou atenção ao detalhes. Por que mandá-los às favas? São as pequenas coisas – a maneira como uma pergunta é formulada, o silêncio de dúvida em outra, a sensação de desconforto com uma decisão, as mensagens não verbais que estão diante de mim – que dão indicações do que importa. Nossos valores são vividos em pequenos gestos e, se deixamos passar os detalhes, perdemos os valores.

5. Escolher o ativismo. Mergulhar no mundo e nadar sob a superfície. Tornar-se ativista, saindo dos cercados eletrônicos para a vizinhança, para a comunidade, e agir para ampliar a consciência de todos com quem entramos em contato. Ser agente congregador de seres humanos em ambientes humanos. Onde quer que as pessoas se juntem, antes e acima de tudo, colocá-las em contato umas com as outras. Somos companheiros que se juntam para mudar o mundo, não indivíduos que negociam com seus líderes. Tornar-se especialista nos métodos de facilitação de grandes grupos, para que a visão, as estratégias e a responsabilização sejam escolhidas por comunidades de pessoas que respondem umas às outras. Essas são estratégias de engajamento que levam a mudanças. A chave é ir mais fundo em qualquer questão que confrontemos, e fazer isso com outras pessoas sempre que possível. Isso significa estruturar tempo para a reflexão, para a troca de dúvidas, para considerar o que realmente nos importa. Talvez decidamos escrever um diário em vez de fazer uma lista de passos de ação. As ações mais importantes são aquelas de que nos lembraremos. O ponto crítico é escolher o ativismo e a profundidade como nossa estratégia. Isso é o chamado à luta de Paulo Freire: concretizar nossa capacidade de mudar o mundo que herdamos e fazê-lo por meio de nossa própria transformação.

6. Esperar que nossos valores estejam incorporados a tudo que fazemos. Não parar na entrada do escritório para conferir se não os esquecemos em casa. O que mais nos importa é possível e também importante. Que nossas vidas sirvam de exemplo daquilo em que acreditamos. Isso significa que deve haver espaço para a incerteza, e que precisamos também aceitar o fato de que mais ferramentas e metodologia não ajudarão. O que nos importa não sofre da falta de conhecimento ou habilidades. Dizer que precisamos de mais habilidades antes de fazer algo é normalmente uma desculpa. Precisamos continuar aprendendo, é verdade, mas, como veremos mais tarde, nos faltam humanidades, não mais treinamento técnico.

▼

O que tudo isso exige é uma mudança em nossa maneira de pensar, ainda que no final das contas o conhecimento deva ser traduzido em ações. Se não pudermos abraçar ou nos identificarmos com termos como radical, ativista ou cidadão, nossas ações serão apenas mais do mesmo. Nossa primeira encomenda no negócio será decidir que nosso propósito mais profundo encontrará expressão somente quando transformarmos a cultura e as instituições que herdamos. Isso é ser um cidadão e amadurecer.

8

educação doméstica

seja sua própria escola. Quando decidimos exercer nossa liberdade e alcançar nossa plenitude como cidadãos, nós nos preocupamos legitimamente em fazer isso direito. O argumento para não perguntarmos *Como?* é reconhecer que o problema não é a falta de ferramentas. Temos mais ferramentas do que precisamos, e muitas delas nunca serão usadas; então, por que continuar aumentando o workshop em vez de produzir algo de que possamos nos orgulhar?

Só porque paramos de comprar ferramentas não significa que paramos de aprender. Em vez de aprender sobre mais ferramentas, precisamos nos educar no sentido mais amplo da palavra. Preciso me tornar uma pessoa bem-educada, e não bem-treinada. Isso significa refletir sobre minhas idéias, aprofundá-las e dar mais valor ao meu pensamento. Pode ser que mudando minha cabeça eu passe a agir mais plenamente de acordo com o que importa. Todos temos nossas próprias teorias e modelos sobre o mundo e sobre o que significa ser humano. Precisamos aprofundar nossa compreensão daquilo em que acreditamos. Precisamos de um currículo educacional, que nós, sozinhos, construímos. Precisamos de um curso personalizado de "humanidades", pois funcionamos em sistemas humanos, não importa o quanto eles possam se automatizar e se tornar técnicos.

Não somos muito bem equipados para fazer isso, no entanto, porque muitas vezes usamos nossa educação apenas para construir um currículo. Nós nos tornamos práticos cedo demais. Como as pessoas insistiam em perguntar o que faríamos com nossas vidas, achamos que precisávamos dar a elas uma resposta. Agora precisamos ter mais claro o que somos e o que representamos, não o que queremos fazer ou como chegar a algum lugar.

Educação doméstica em humanidades

Imagine uma escola ou um programa de graduação em humanidades em que você é, ao mesmo tempo, o aluno e o corpo docente. Eu gosto do termo *humanidades* porque essa é a qualidade do mundo que queremos habitar. É nossa humanidade que precisa de atenção. Não estou falando necessariamente das humanidades que os cursos superiores oferecem hoje em dia, mas da palavra que capta o espírito do que a educação superior representava quando estava (e ainda está, em muitos lugares) compromissada em desenvolver a pessoa como um todo, e não apenas um trabalhador. A palavra "humanidades" reconhece que as idéias de que precisamos hoje têm uma longa e nobre tradição de buscar nas artes, no teatro, na literatura, na religião e na teoria política os *insights* para a transformação individual e institucional. Aqui estão alguns elementos de um plano para caminhar nessa direção.

O currículo da educação doméstica

Objetivo: Agir de acordo com o que importa.

Metas:

1. Manter-me fiel ao conjunto de ideais que são unicamente meus e que estiveram sempre comigo. Nada de novas imposturas baseadas nas tendências da moda ou em frases sugestivas.

2. Aceitar que agora sou livre, um cidadão em boas condições, e decidir pagar o preço por esse fato.

3. Tornar-me íntimo de tudo aquilo com que entro em contato. Ver, sentir, tocar, entregar-me a tudo.

4. Quando em dúvida, preferir ir mais fundo e não mais rápido. Aceitar a idéia de que a reflexão e a compreensão da minha própria natureza, inclusive do meu lado sombra, é a chave para a ação efetiva.

5. Tornar o mundo melhor por meio do ativismo e do engajamento. Estar no palco, não na platéia. Mudar o mundo por meio de grupos de companheiros e da comunidade. Deixar os líderes de lado.

Cursos exigidos

Curso 101: Seguindo os desejos de seu coração

Comece por você mesmo. Deixe seus desejos guiarem você. Cada um de nós tem em seu interior um chamado, algo que nos impele a agir. Não sabemos bem ao certo de onde ele vem, não sabemos de quem é sua voz e não temos idéia do que ele eventualmente exigirá de nós. Está lá nos sonhos que um dia sonhamos, está em qualquer coisa que nos prende a atenção. Conseguimos pistas sobre nossos desejos reparando aonde vai a nossa energia natural. O que preferiríamos estar fazendo quando nos ocupamos em não estar fazendo o que deveríamos? As pessoas me perguntam: "O que você está fazendo agora?" Eu respondo: "Estou ocupado não respondendo aos meus e-mails". Nossos desejos muitas vezes vêm disfarçados e acompanhados da crença de que com eles não conseguiríamos ganhar a vida. Bom sinal.

Três segundos para o fim do jogo, nosso time perdendo por um. Encontramos nossos desejos dentro de nossa própria história. Se você quer um guia, encontre um – um bom terapeuta, um artista local, pode ser qualquer um fora do seu atual campo de trabalho.

Um dia percebi, já no meio da minha vida, que eu havia perdido meu corpo. Tinha me tornado, literalmente, um desencarnado. Passei minha juventude querendo ser um atleta. No primário, tudo que eu queria fazer era jogar basquete. Hora após hora, muitas vezes sozinho, eu me perdia na minha imaginação de grande dramaticidade e heroísmo pessoal. Minha mãe costumava me chamar para jantar às cinco da tarde e nunca entrei em casa sem antes ganhar um jogo de basquete nos três segundos finais da partida.

A despeito dos feitos lendários que criei em minha mente, eu tinha um pequeno problema: nunca fui muito bom no basquete. Eu era lento, não conseguia pular alto e os outros rapazes eram muito mais fortes. Quando fui para o colégio e depois para a faculdade, discretamente coloquei meu corpo de lado e comecei a pensar em construir uma família e ganhar meu sustento da melhor maneira possível. Nunca deixei de querer ser um atleta, simplesmente desisti disso. Aos trinta e poucos anos, quando a questão do sustento começou a ser respondida, eu comecei a me desesperar com a possibilidade de que o resto da minha vida fosse ser sempre a mesma coisa, apenas mais do mesmo.

Para tentar lidar com esse sentimento, pulei bastante de um assunto para outro, freqüentei workshops, fiz terapia, tentei Estar Aqui Agora com Ram Dass. Então li um livro que me trouxe de volta para o meu antigo desejo de ser um atleta e comecei a imaginar como levar meu desejo a sério de novo. Encontrei Tim Gallwey, autor desse ótimo livro que havia lido, *The Inner Game of Tennis*, e pedi para ser seu aluno. Ele me aceitou, e eu, em troca, o convidei a participar do meu trabalho. O presente que ele me deu foi juntar o mundo do trabalho com o mundo do corpo. Na aparência eu estava aprendendo a jogar tênis, mas no fundo eu estava me familiarizando com minha natureza física.

Ser um atleta significou reentrar em meu corpo. Exigiu que eu me lembrasse de que tenho um corpo e que ele tinha me tratado muito bem, apesar dos anos de negligência. A meta não era me tornar um grande atleta, e sim mudar o foco da minha atenção. Isso me deu uma dica do que eu queria mesmo aprender. O que eu precisava descobrir é que o aprendizado (o negócio em que eu estava) tinha a ver com entrega, confiança em mim mesmo, fé nas minhas capacidades, e com a idéia de que o melhor professor é o que ensina menos. Eram coisas em que sempre acreditei, mas que eu ainda não havia vinculado totalmente à maneira como executava meu trabalho. Isso me deu uma maneira de executar meu trabalho que era uma expressão mais completa dos meus valores. O que acabei aprendendo não tinha nada a ver com tênis. Mas o tênis, um resquício do meu antigo desejo, tornou-se o veículo que ativou minha energia e ajudou a trazer-me de volta à vida.

Saber mais do que você pensa. O interessante é que, independentemente do que achar que deseja, você aprende as mesmas coisas sobre si mesmo: aprende a prestar atenção, sente o poder da concentração, começa a perceber os detalhes nas coisas que antes eram massas amorfas. Você descobre quanta profundidade há no mundo e como, quando você lhe dá atenção, ele o recompensa. Você aprende a confiar em si mesmo – em seu corpo, seus instintos, sua intuição, suas capacidades. Você descobre que sabia mais do que pensava que sabia e aprende que é capaz de aprender. Alguns descobrem que têm um cérebro, outros descobrem que têm um corpo, alguns descobrem que têm uma voz, ou sentimentos, ou a capacidade de amar, ou de se entregar, ou de ter coragem, ou olhos para ver. Essas são as coisas necessárias para nos completar.

Essas lições são o que nossos desejos nos ensinam. Fazem parte do terreno de nossos desejos. Podemos aprendê-las em qualquer lugar, contanto que permaneçamos no controle e nos responsabilizemos pelo nosso aprendizado. Eu fiz um curso de culinária no começo desses anos de inquietação (os quais, por falar nisso, ainda não acabaram), quando começava a ter de preparar refeições para meus filhos. Entrei no curso mal sabendo como fazer hambúrgueres e espaguete. Por três dias eu tomei notas freneticamente e perdi quase tudo que foi ensinado. (Também me diverti porque comíamos o que era preparado e bebíamos bastante.) Um mês depois do curso, alguém me perguntou o que eu havia aprendido e eu respondi que tinha aprendido a confiar em mim mesmo na cozinha: que eu não era um caso perdido, e percebi que sabia me virar na cozinha melhor do que pensava. Aprendi que para cozinhar você não precisa de uma receita; você precisa de um olho, de um nariz e saber a diferença entre vinagre e óleo.

Bem, mas o *chef* não ensinou isso, o curso não prometia isso, e não foi por isso que fui fazê-lo. Mas foi isso que aprendi. O que mais me surpreendeu foi que o *insight* que eu tive no curso de culinária era o mesmo que as pessoas com freqüência diziam conseguir em qualquer experiência de treinamento decente. Isso me tornou mais humilde em meu trabalho, e com o tempo percebi que o conteúdo não importa realmente; algo mais está em ação quando as pessoas decidem aparecer, ouvir seus desejos, e estar em uma situação sem muito ensinamento mas com bastante espaço para aprendizado.

Isso significa que, a despeito do conteúdo, o ato de aprender – principalmente sobre nós mesmos – é a chave de nossa contribuição para o mundo e de nossa capacidade de fazer diferença nele. Mais especificamente: é o aprendizado de nossas capacidades, pontos fortes e talentos que já estão implantados. Nossos desejos, muitas vezes mascarados por nossa sofisticação, apontam o caminho.

Curso 102: Descobrindo idéias fora do seu campo de atuação

Qualquer que seja nossa profissão, ela tem pouco mais a nos ensinar. Precisamos de uma educação liberal, não de uma educação profissional. Tenho de sair do território do meu trabalho para mudar minha cabeça. É difícil aprender quando achamos que já sabemos algo. Nossa perícia torna-se uma defesa contra a inocência e o não saber que o aprendizado exige. Pare de ler textos técnicos, em especial aqueles que você tem de se forçar a ler. Se você sente que tem de apoiar sua profissão, é melhor escrever para revistas técnicas do que lê-los. Se você insiste em participar de workshops técnicos, conduza-os.

Não importa sobre que campo você esteja aprendendo, encontre algo que o atraia e ofereça a possibilidade de transformar ou aprofundar seu pensamento. Volte-se para as artes liberais. Se você já andou por essa área, volte uma vez mais a ela. Estude algo, qualquer coisa. O ato de aprender é transformador. Se você pensa que não tem tempo ou que só gosta do que está fazendo, ou que não tem como se atualizar no que está fazendo agora, pense de novo. Você está se escondendo de uma excursão mais profunda a suas próprias possibilidades. Sempre que achamos que estamos com tudo certo – que estamos no caminho e só precisamos de uns pequenos ajustes –, na verdade estamos encalhados. Congelados. Mesmo que tudo esteja bem, existe um futuro para criar que ainda mal sonhamos. Nós nos deixamos aprisionar pelo nosso sucesso, fomos capturados no paradoxo de valorizar aquilo em que nos tornamos, acreditando que temos tudo o que é necessário e ainda assim sabendo tão pouco. Nunca é muito cedo, nem muito tarde, para mudar de idéia.

Leitura obrigatória. Aqui estão uns poucos livros para você começar a aprender coisas fora do seu campo de atuação. Eles cobrem um amplo espectro, e, se eu fosse o reitor, eu os tornaria leitura obrigatória para os inscritos no curso doméstico de graduação de humanidades. Eles são uma excursão pela filosofia, pela revolução, literatura, mudança social, crítica cultural e arquitetura. Encomende-os hoje. Leia-os amanhã. Reporte-se a mim no final da semana.

Christopher Alexander THE TIMELESS WAY OF BUILDING. Traz a sensação de estar vivo para a arquitetura e o ambiente construído. Expressão vívida de alguém que sempre agiu de acordo com o que importa. Escrito de uma maneira que expressa exatamente sua teoria. (em inglês)

Marshall Berman TUDO QUE É SÓLIDO DESMANCHA NO AR. Belos *insights* quanto às origens da cultura moderna. Passa pela literatura, pelo desenvolvimento econômico, pela comunidade, pelas instituições e pela psique individual tirando-nos o fôlego.

Wendell Berry LIFE IS A MIRACLE. Berry escreve ensaios sobre os custos comunitários e familiares da sociedade industrial, das grandes universidades e dos governos poderosos. De um grande e prolífico escritor, esse livro recente defende a existência do mistério e do assombro face a uma cultura voltada para a ciência. (em inglês)

Paulo Freire PEDAGOGIA DO OPRIMIDO. Esse é um clássico para todos que se preocupam com justiça e mudança cultural. A vida de Freire foi um testamento de propósitos e de serviços. Ele mostra de forma dramática como cada um de nós adota a mentalidade daqueles que têm controle sobre nós. Muito relevante para a vida organizacional.

Ivan Illich DISABLING PROFESSIONS ou MEDICAL NEMESIS. Illich é o pensador mais independente que eu já li. Suas idéias revolucionam tudo. Seu trabalho vai dos efeitos patogênicos da medicina a reflexões sobre o século catorze, ou como a introdução de vasos sanitários com descarga deu origem à estrutura de classes na Cidade do México. (em inglês)

Peter Koestenbaum LEADERSHIP: THE INNER SIDE OF GREATNESS. Peter enquadra nossas dúvidas de tal forma que nos confronta com a dificuldade da vida e nos oferece imensa esperança, e tudo na mesma frase. Seu trabalho introduz o valor da filosofia para criar líderes de alto desempenho. Ele ajudou a formar a base do meu trabalho nos últimos vinte anos. (em inglês)
John McKnight THE CARELESS SOCIETY. Argumentos impulsionadores sobre a perda da comunidade em nossa cultura. É também sobre como os esforços para ajudar podem produzir o efeito oposto e como os que se propõem a ajudar concentram-se nas deficiências, como forma de criar demanda para seus serviços. (em inglês)
Robert Sardello FACING THE WORLD WITH SOUL. Outro livro bem escrito que reconcilia a sociedade com as preocupações com a alma. É uma série de cartas que abrirão seus olhos e apoiarão a importância de colocar seus valores no mundo. Esse livro tem elementos de psicologia, misticismo, religião, espiritualidade e antropologia. Uma combinação de tamanho único. (em inglês)

Quando terminar de ler esses livros pela segunda ou terceira vez, leia tudo o que esses autores já escreveram. Depois disso, descubra onde eles estão e peça para estudar com eles, ou descubra quem estudou com eles e siga o caminho que o pensamento deles percorreu. Esses livros representam a importância das idéias e do pensamento. Eu não estou certo, mas acho que não há uma única lista de como fazer algo em qualquer desses livros. Fantástico!

Curso 103: Sendo um mentor para você mesmo

Assumir o papel de mentor é um ato de amor, de cuidado, de disposição para dar testemunho a outras pessoas. Para ser autêntico, o mentor deve ser escolhido por ambos os envolvidos. É algo que nos acontece e, ao mesmo tempo, é uma meta que buscamos. Uma vez que tenha se tornado comum uma habilidade que pode ser aprendida ou um projeto organizacional, ele perde sua vida. Assim, não procure um mentor em seu chefe. Encontre um mentor em si mesmo. Seu chefe pode ser um ótimo mentor, mas seu chefe tem poder sobre você, e isso dá uma certa rispidez às orientações que ele oferece. E se você quiser se desfazer de seu chefe como seu mentor, terá de fazê-lo de maneira indireta e com dificuldade. Além disso, você não quer amar seu chefe – seria algo muito próximo à relação pai-filho, da qual nossa liberdade quer que nos afastemos, uma vez amadurecidos.

Há um valor inquestionável no ato de ser mentor, mas torna-se um problema quando passa a ser um programa e nossos chefes são treinados e cobrados para desempenhar esse papel. Os funcionários, então, começam a achar que precisam ser monitorados ou que têm o direito de ter um mentor. Quando o mentor torna-se um produto, deixa de haver cuidado para haver auto-condescendência. Então, pare de apoiar programas de formação de mentores. Simplesmente descubra uma pessoa, quer você a conheça ou não, e torne-a seu mentor, mesmo que você nunca a tenha encontrado na vida. Eu tenho mentores com quem nunca me encontrei, mas sigo tudo que eles escrevem, fazem e dizem. Se você os encontrar, será um prêmio, mas assegure-se de que o relacionamento é recíproco. Você precisa ter algo para oferecer ao seu mentor em troca de aprender com ele. Se não há equilíbrio, o relacionamento torna-se instável, até mesmo um pouco opressivo. Ambos precisam ser transformados pelo processo de aprender um com o outro. As pessoas às vezes me pedem para ser seu mentor, e eu pergunto o que vou receber com esse acordo. Elas respondem que eu ganharia o benefício e a alegria de vê-los crescer. Eu penso em dizer: "Mas já tenho filhos suficientes". Fazer exigências não equilibradas e opressivas aos outros nos mantém na posição de crianças.

No local de trabalho, o risco é que nos tornemos dispostos demais a deixar os outros definirem o que devemos aprender. A natureza colonial das organizações é mais visível quando os líderes pensam que eles (nós) sabem(os) o que é melhor para os outros. Nós ainda estamos ávidos demais em pedir feedback a nossos chefes, perguntar a eles como estamos indo, o que deveríamos estar aprendendo. Essas são ótimas discussões, mas não com pessoas no poder, pois a discussão pode se tornar instrumental com muita facilidade. Tentamos conseguir o que queremos de nossos chefes nos posicionando como alunos ávidos pelo saber. Os chefes tentam conseguir o que querem de nós por meio dos disfarces do aprendizado, da generosidade e de estar agindo no melhor interesse do funcionário.

Somos tão condicionados pela nossa experiência escolar que achamos que precisamos desse tipo de direção e prescrição. Durante todo o período escolar, colocamos nossa energia em interpretar o professor. As primeiras perguntas são: "O que você espera de nós? Como consigo tirar um 10?" A dependência é tão profunda que, se você é um professor de faculdade, como David Cox no Estado de Arkansas, e tenta renegociar o contrato de aprendizado com os alunos, você terá de batalhar muito. Os estudantes não querem nem ouvir falar da teoria do aprendizado adulto, de definir suas próprias metas, de desenvolver seu próprio sistema de notas, ou de serem responsáveis pelo aprendizado de seus colegas. Eles querem um 10. Isso se torna pior quando o professor que tenta levar democracia para a sala de aula tem de enfrentar o fuzilamento dos formulários de avaliação dos estudantes. O papel de mentor só tem significado quando nos encarregamos da tarefa de aprender sozinhos. E quando fazemos isso a despeito de toda ajuda enviada em nossa direção. Minha liberdade, meu propósito, meu aprendizado são faces de uma mesma intenção: cumprir meu destino, e colocá-lo neste mundo, com todo o valor e generosidade que eu puder conseguir.

Curso 104: Dando pertinência aos pares

Uma fonte perfeita de aprendizado são seus pares. Apesar de tudo que sabemos sobre o poder do aprendizado cooperativo, nós nos defendemos dele. Quando ouvimos uma apresentação ou participamos de um workshop e o condutor pede para nos dividirmos em pequenos grupos, muitos resmungam. "Nós não viemos aqui para compartilhar nossa ignorância." Isso diz muito sobre nossa falta de apreço por nossos pares e nossas idéias sobre aprendizado. Quando concluímos que nossos pares são ignorantes? Fomos tão condicionados a competir com nossos colegas que não temos fé alguma de que podemos aprender com eles.

Todo aprendizado é social. É com nossos pares que iremos finalmente encontrar nossa voz e mudar nosso mundo. É em comunidade que nossas vidas são transformadas. Pequenos grupos mudam o mundo. Forme um ou junte-se a um. Há grupos de leitura, grupos de aprendizado e bate-papo on-line por todo canto.

Curso 105: Tratando o local de trabalho como uma sala de aula

O curso final é ver o local de trabalho como uma sala de aula. Não apenas para você, mas para todos os envolvidos. Esse é o melhor tipo de educação pela experiência: fazer com que a empresa assuma o propósito de ensinar às pessoas como administrar um negócio. Cada um vai aprender tantos aspectos diferentes do negócio quanto possível. Isso sinaliza o fim dos especialistas, na medida em que serão substituídos por empreendedores para todo tipo de serviço. Essa é uma estratégia particularmente boa para pequenos negócios, nos quais é difícil manter pessoas, pagar grandes salários e investir em treinamento. O chefe diz que nos ensinará tudo o que sabe sobre o negócio e nós dizemos amém.

Se seu cenário é o de uma grande organização, veja-o como um laboratório de treinamento, para onde pessoas vêm por um tempo e partem quando o experimento acaba. Veja cada cargo dessa maneira. Tenha curiosidade a respeito de tudo. É uma importante sala de aula e você pode aprender mesmo que o chefe não esteja interessado em ensinar. Isso também dá um propósito a uma organização ou negócio.

O local de trabalho é uma incubadora para a auto-suficiência econômica e emocional.

A questão

Pense em todos esses cursos como parte de uma educação doméstica, em que você é o professor e o aluno, o pai e o filho. Montessori é um bom exemplo, se você precisar de algumas idéias e uma poderosa filosofia de aprendizagem. Maria Montessori passou a maior parte de sua vida como educadora de professores tentando fazê-los parar de ensinar. Ela acreditava que o aprendizado devia ser autodirigido e cooperativo. Vá a uma escola Montessori na sua cidade e passe quatro horas em uma sala de aula, uma vez por semana, durante quatro semanas.

Você descobrirá uma maneira imperfeita mas inspiradora de pensar a instrução e a aprendizagem.

Temos que gastar a maior parte do nosso tempo de aprendizado confiando no que sabemos e conhecendo aquilo em que acreditamos. Esse é o desafio. Há poucas escolas que ensinam isso, e é por isso que você deve criar a sua própria escola, mesmo que ela só tenha um aluno – você.

Em essência, nossa intenção é aprender as coisas que vão mais fundo do que o estilo de vida e as habilidades. Ainda que tenhamos todo o conhecimento necessário para agir, isso não significa que estejamos completos. Ou que devamos parar de aprender. É sobre nossa liberdade que estamos aprendendo, e a liberdade é uma criança pequena e desengonçada que precisa ser nutrida para continuar crescendo. As perguntas fundamentais são: "O que estamos aprendendo?", "Quem decide isso?" e "Onde podemos ir para aprendermos isso?" Essas coisas fazem uma grande diferença. Precisamos garantir que o próprio processo de aprendizado seja um reflexo do processo de vida que escolhemos.

9

chefe

seu chefe não tem o que você quer. Em seu leito de morte, um padre perguntou a Maquiavel se ele gostaria de se redimir renunciando ao demônio e a seus malefícios. "Não", ele respondeu. "Isso não é hora de fazer inimigos."

Do que temos medo?

Vamos começar com uma verdade simples. Eu normalmente evito a palavra *verdade*, exceto quando se refere à voz de Deus. Parece presunçoso declarar qualquer coisa com tamanha certeza. O que é chamado de verdade não passa, em geral, de uma opinião. Nesse caso, no entanto, estou disposto a chamar a seguinte declaração de verdade:

A maioria das pessoas nas organizações tem medo de seus chefes.

Você pode não ter, mas a maioria tem. Agora, você pode não ter medo do seu chefe imediato, mas suba na cadeia de comando e cada um de nós encontrará alguém com quem se preocupar. Se você não quer chamar isso de medo, será que concordaria que estamos muito ansiosos em agradar o chefe? Nós nos preocupamos profundamente com o que ele pensa, planeja, valoriza e quer. Essa verdade é bastante impressionante.

Alguns momentos de verdade que permanecem na minha memória:

Um: Passei uma manhã inteira na The Boeing Company com uma unidade de trabalho que estava tendo uma reunião de equipe semanal. Fui convidado para a reunião por Ralph, que disse estar implementando empowerment em sua equipe e conseguindo ótimos resultados. Se eu gostaria de observar uma reunião? Com certeza. Então sentei-me e fiquei muito impressionado.

A conversa era livre, confrontadora, apoiadora e engraçada. O gerente falava abertamente sobre os problemas e erros. Os resultados eram compartilhados livremente com o grupo, a responsabilidade pelos desapontamentos era rapidamente assumida, a participação era disseminada e as pessoas de todos os níveis pensavam e falavam como se realmente se preocupassem com o negócio. Para a equipe presente a essa reunião, a democracia estava intacta, a parceria estava em vigor. Tudo no mundo ia bem.

Depois da reunião, eu estava no corredor falando com Ralph sobre como a reunião tinha sido especial, sobre como Ralph compreendia o empowerment e parecia aplicá-lo de verdade. Então alguém passou e sussurrou algo no ouvido de Ralph. Eu vi a expressão no seu rosto mudar instantaneamente. O sorriso virou uma careta, o queixo caiu, seus olhos se estreitaram e se apagaram. Eu perguntei a Ralph: "O que houve?" Ele respondeu que seu chefe queria vê-lo. Só isso. Seu chefe queria vê-lo. Ele sentia muito em ter de sair tão cedo (eu ficaria bem?). E ele se foi apertando o passo e desapareceu pelas escadas.

Dois: Estou em uma reunião fora do local de trabalho com executivos da divisão financeira de um grande banco. Estamos conversando e o celular do vice-presidente executivo toca. Ele atende e pula da cadeira de uma só vez. Em um instante, ele sai pela porta. Eu pergunto aos outros: "O que aconteceu?" Eles respondem que seus dois chefes deveriam estar querendo algo, o que acontece com freqüência: ele fica de sobreaviso e está sempre acessível, a qualquer momento que eles precisem dele. Pergunto quando ele voltará e o que devemos fazer. Embora eles não saibam dizer quando ele voltará, dizem que seria melhor esperar por ele. Então, nós, dezoito pessoas, esperamos e andamos às cegas por cerca de quinze minutos até que ele retornasse.

Quando ele volta e a poeira baixa, pergunto se há alguma chance de ele desligar o telefone e adiar os telefonemas para depois da reunião. Ele responde: "Não. Eles esperam que eu o mantenha ligado e que os atenda imediatamente." Aquele era um executivo sênior, de sobreaviso, vinte quatro horas por dia, sete dias por semana, e não questionava nada.

Há centenas de outros exemplos de pessoas fortes e competentes, de sobreaviso e inquietas, e você deve ter suas próprias histórias para contar. As pessoas têm medo dos que estão acima delas. Quando você pergunta do que elas têm medo, elas inevitavelmente comentam como seus chefes são controladores, impacientes, exigentes, em crise, ou indiferentes, distantes e inatingíveis.

Colocando o rabo no burro

Se o chefe tem o poder de nos causar preocupação, temos de considerar o que estamos fazendo para criar isso. Que poder concedemos a ele, que acaba interferindo com nosso propósito? Que expectativas temos que nos levam ao medo e à cautela? Nada mudará até que aceitemos o fato de que o medo que sentimos é criação nossa. Sem dúvida, todo mundo sente medo em algum momento, então ele é muito comum em nossa cultura, mas ainda é nosso.

Tornamos o chefe poderoso porque queremos algo em troca. Estamos tão atolados em nossa dependência, que acreditamos que, sem seu apoio e aprovação, não conseguiríamos o que queremos. Há quatro crenças a respeito de nossos chefes que precisamos reconsiderar:

1. Eles têm meu futuro em suas mãos. Eles possuem as respostas para minha ambição. Afinal, eles têm a autoridade para me recompensar e me punir com salário, novas tarefas, espaço para respirar e um sorriso.

2. Eles são instrumentos do meu desenvolvimento. Há algo vital para eu aprender e tenho de aprendê-lo com eles.

3. Eles criam a cultura em que vivo, e isso determina meu estado de ânimo e meu bem-estar. O que eles fazem me deixa feliz ou triste.

4. Eles têm informações que eu quero e preciso. Eles estão por dentro da verdadeira história e estão evitando que eu a conheça.

Você já deve saber onde quero chegar com isso; portanto, deixe-me explicar resumidamente por que essas quatro crenças nos deixam com medo e mandam embora nossa liberdade e nosso sentido de propósito.

Promova-me

No livro do seu futuro, há um próximo capítulo que tenta convencê-lo a desistir de sua ambição. Considerando a pouca chance de que ele não consiga persuadi-lo, aqui estão três razões que explicam por que é tolice esperar que seu chefe proporcione o futuro que você tem em mente.

Primeira: Não há um processo racional para promover as pessoas. Quando seu chefe reúne-se com outros chefes para promover alguém, você não sabe o grau de influência que ele terá nessas discussões. Além disso, seu futuro depende de qual cargo está vago, quem conseguiu colocar um funcionário seu na última promoção, quem realmente manda, quais são as políticas do momento. Você pode ter trabalhado duro, cumprido suas promessas, e ter sido escolhido para o vídeo de "funcionário em destaque" por três trimestres seguidos, e ainda assim isso pode não importar – e você pode contar com isso.

Segunda: Apesar de todos os modelos de competência, dos critérios objetivos e da vontade de ser justo, os julgamentos sobre futuros líderes são feitos com base em opiniões subjetivas, sobre as quais você não tem nenhum controle. Pode haver algo em você de que eles simplesmente não gostam. Você pode ter entrado na empresa no ano errado. Você pode estar na função errada. Seu estilo pode não combinar com a idéia que eles têm da realeza. Quando você estiver recebendo o feedback do seu chefe, não preste muita atenção às sugestões que ele dá para você melhorar. Mesmo que você se transforme em decorrência desse feedback, isso não significa que você está indo a algum lugar. Além disso, o feedback que ele lhe dá não tem muito a ver com quem você é. Ele está confundindo você com uma alma penada.

Terceira: Não há lugar para ir. As organizações estão se achatando, os cargos de gerência estão desaparecendo. Seu chefe pode ser o próximo a ser removido do cargo por uma mudança na estrutura. É provável que sua unidade seja incorporada à matriz, terceirizada, vendida ou mandada para o espaço sideral. Não aposte que ainda haverá um emprego quando você estiver pronto para subir no escalão.

Oriente-me

Quanto à idéia de que precisamos de um chefe para nosso desenvolvimento, isso não é verdade. Nosso desenvolvimento está nas nossas mãos e nelas devemos mantê-lo. Como eu disse antes, o fato de que o chefe tem poder sobre nós é em si um obstáculo ao aprendizado. E quem disse que eles nos vêem de maneira clara o suficiente para serem úteis? As mulheres são constantemente acusadas de serem muito agressivas ou emocionais demais. Aos homens recomenda-se que melhorem nos relacionamentos. Nenhuma dessas avaliações parece ser assim tão verdadeira, e é provável que representem mais uma projeção do chefe do que uma descrição do subordinado.

Você pode desejar que as coisas sejam diferentes, que você consiga o orientador que estava esperando. Mas, depois de colocar tudo na balança, seu chefe não é sua melhor fonte de feedback. Não que eles não queiram ser úteis. Eles querem. Mas não são. É claro, todo chefe se orgulha de dizer o quanto ajudou as pessoas a se desenvolverem, mas isso não quer dizer que sejam bons nisso. Lembre-se de que todos os patriarcas acreditam na participação; eles apenas acham que o seu pessoal, em particular, ainda não está pronto para isso.

Você pode ter tido um chefe que de fato o ajudou muito em seu desenvolvimento, mas continuar procurando um chefe assim é uma defesa para não ter que prosseguir sozinho, apesar de tudo. Além disso, grande parte de nosso sofrimento vem de havermos internalizado as opiniões de outros. Isso era a realidade quando éramos crianças, quando a definição que nossos pais nos deram era compreensivelmente poderosa. Mas continuar com esse processo como adulto não é inteligente.

Crie uma cultura para mim

Acreditamos que a gerência molda o tipo de cultura em que vivemos e, conseqüentemente, determina o estado de ânimo e a satisfação. Ou até mesmo o desempenho. Meu chefe me motiva? Ou me desmotiva? Estou esperando que meu chefe acenda minha chama? O que aconteceu com meu fogo? Por que, em sã consciência, colocaríamos nossa satisfação e motivação nas mãos de outra pessoa? É claro, o comportamento de nossos chefes faz diferença para nós, mas se eles são a causa de nossa experiência, então já renunciamos à nossa liberdade. Nós devemos ser os criadores de nossa cultura e trazer as qualidades que queremos para o mundo que habitamos. Essa é a definição de nossa liberdade, e abrir mão disso nos mantém escravizados.

As coisas ficam bem piores quando as pessoas nos dizem que nossa tarefa é fazer os nossos chefes passarem uma boa impressão. Isso é degradante, para nós e para eles. Nossos chefes são incapazes de passar uma boa impressão por si sós? E quando foi que assinamos um contrato de mordomo, cabeleireiro, redator de discursos ou comprador pessoal? Isso nos envolve em uma barganha secreta, que está destinada a nos desapontar. Se nós os fazemos passar uma boa impressão, isso não os obriga a cuidar de nós? Essa instrumentalização apoiada pela cultura é simplesmente uma expressão de nosso cinismo e nosso voto a favor da permanência do mundo patriarcal.

Conte-me a verdadeira história

Temos muitas expectativas não correspondidas em relação a nossos chefes, e uma das mais comuns é ficar sempre pensando que a gerência não está nos contando tudo. A maioria dos resultados de pesquisas atitudinais pede à gerência para manter "seu pessoal" mais bem informado. Se a gerência sabe de algo e não está nos contando, talvez seja porque estão preocupados com nossos sentimentos. Eles ouviram nossas súplicas por proteção e atendem ao nosso pedido retendo informações que podem nos deixar ansiosos. É por isso que podemos saber de grandes mudanças organizacionais por meio da mídia antes de sermos informados diretamente. Se queremos proteção, temos de pagar o preço de viver no escuro. No momento em que desistirmos da proteção, saberemos qual é a verdadeira história.

A razão mais provável de não ouvirmos a história verdadeira direto da gerência é que muitas vezes eles não a conhecem. Eles não sabem o que acontecerá conosco, com nossa unidade ou nossa organização. Não podem predizer o futuro melhor do que nós. É a criança em nós que acredita que nossos chefes sabem tudo. O que queremos deles, eles simplesmente não têm. Eles não estão ocultando nada de nós – não mais do que retemos de nossos subordinados o que eles desejam. Tente lembrar que toda vez que reclamamos de nossos chefes, nossos subordinados estão fazendo a mesma reclamação a nosso respeito. Nem sempre é verdade, mas é uma boa regra para ser usada.

Eles não vão mudar

Não importa em quanto do que foi dito acima você acredita, é importante aceitar o fato de que eles não vão mudar. Precisamos parar de esperar por isso ou até mesmo de trabalhar para que isso aconteça. A pergunta quatro da família *Como?* é "Como fazemos para essas pessoas... (você completa a frase)?" A vontade de fazer com que os outros sejam diferentes é um desejo de controlá-los, o que já cria por si só uma resistência. Não importa quão benéficas as mudanças poderiam ser para a instituição, nossos esforços em mudar os outros não fazem sentido. É aí que a cultura está errada: embora tenhamos de ouvir pronunciamentos evangélicos sobre como os outros precisam mudar, não há evidência de que esses pronunciamentos tenham algum efeito além de alienar ainda mais as pessoas que temos em mente.

Além disso, o que acontece quando nossos chefes passam a ser "essas pessoas"? Referir-se a eles como "esse pessoal" é uma medida de nosso desprezo e alienação em relação a eles. Decidimos que eles são estranhos e nos mostramos superiores a eles quando os tachamos de "essas pessoas". E querer "que eles façam..." é um ato de agressão, mesmo que nossas intenções sejam nobres. Ainda mais se somos consultores, trazidos para ajudar, e nos pegamos falando a mesma linguagem alienada daqueles a quem viemos servir.

Serviremos melhor a nossas instituições e a nossas intenções quando percebermos que "eles" não farão nada. E, se fizessem, isso não nos ajudaria. Se eles mudassem seu comportamento, nossas questões e dúvidas teriam de achar uma nova moradia. Quando acreditamos que nosso bem-estar depende da transformação de outros, estamos correndo de volta para a linha de partida e evitando assumir nossa própria responsabilidade.

Não há culpados

A terapia familiar usa um conceito que é útil aqui: o paciente identificado. Cada família e cada equipe de trabalho têm um membro que a maioria acha que deveria melhorar. Se pelo menos essa pessoa carregasse seu fardo, isso eliminaria obstáculos para todos os demais.

Achamos que *eles* são o problema. Queremos consertá-los ou nos livrarmos deles. O interessante é que, se formos bem-sucedidos em nos livrarmos deles, dentro de seis meses alguém tomará seu lugar. Se temos um novo chefe, depois de uma lua-de-mel de seis meses começamos a reclamar. Algumas vezes a nova pessoa que esperávamos torna-se o extremo oposto daquela que foi substituída. Se o último chefe era controlador demais, este não consegue se decidir. Se o último membro da equipe não carregava sua carga, este quer carregar a de todos.

Os indivíduos que parecem ser o problema – para um grupo de trabalho ou para uma família – são um sintoma, não o problema. Eles apenas carregam e expressam os problemas que não queremos encarar. Eles podem representar nossa falta de um propósito claro, nossa incapacidade de comunicação direta uns com os outros, ou nossa maneira de evitar a responsabilização mútua. Em vez de encararmos nossa própria contribuição para o problema, nós a projetamos em outra pessoa. Temos um ganho ao nos concentrarmos em seu comportamento, já que isso nos distrai do nosso. É a nossa própria transformação que cria o melhor clima para a mudança.

Como um indivíduo livre para criar o mundo em que vivemos, eu trago em mim a causa de como meu chefe e os outros reagem a mim e me tratam. Uma vez que eu entenda isso e pare de tentar controlá-los, posso prosseguir com o negócio de agir de acordo com o que importa. É mais provável que os outros, inclusive nossos chefes, reflitam sobre seu comportamento por terem sido testemunhas de nossa autoreflexão do que por terem cedido ao nosso desejo de que eles sejam diferentes.

Traição e desobediência

Carl Jung disse que a desobediência é o primeiro passo em direção à consciência. Não apenas não estamos aqui para temer ou agradar nossos chefes, mas temos também de perceber que há significado e valor em nossos atos de desobediência – não a desobediência pela desobediência, mas como uma expressão mais completa de nossa humanidade e propósito únicos. O fato de estarmos desapontando a autoridade pode ser um sinal de que começamos a viver nossas próprias vidas, que nos tornamos inteiramente engajados. Nós não temos como sentir que nossas vidas nos pertencem até que tenhamos pago o preço das escolhas que fizemos. É preferir a aventura à segurança. A aventura em que podemos confiar é a jornada em direção à procura de nossa liberdade e nossa crença no que é real e valioso.

Manter uma postura a despeito da desaprovação significa que o espaço que defendemos é nosso. Em termos filosóficos, é preferir a culpa existencial à culpa neurótica. A culpa neurótica é o que sentimos quando não correspondemos às expectativas dos outros. A culpa neurótica é um sintoma de uma vida não autêntica, na qual perguntamos à cultura, por meio de nosso chefe ou de nossos pais, quem somos e no que devemos nos tornar.

Em suas mensagens sobre o que é real e o que é melhor, nossa cultura nos convida a viver uma vida escolhida por outros. Se nos sentimos culpados por desapontar o chefe ou a instituição, o problema não está em nossas ações, mas nas conclusões que tiramos. Se decidimos que estamos errados ou continuamos a desejar que eles sejam diferentes e nos apreciem mais, ainda estamos vivendo a vida de outra pessoa e esperando por um mundo que não existe.

A culpa existencial é a culpa que vem de termos traído a nós mesmos. É a força positiva por trás de nossos atos de desobediência e de nossos esforços para reivindicar quem somos. Ela serve à nossa liberdade e ao nosso propósito. A culpa existencial é a que sentimos por não sermos quem realmente somos, por desperdiçarmos nossas vidas e por adiarmos nossas possibilidades. Essa culpa pode ser enobrecedora. Ela nos leva a uma integridade cada vez mais profunda e mantém diante de nós a tarefa de realizar o potencial que nos foi dado quando nascemos.

Dito de forma simples, essa maneira de pensar nos mostra o valor redentor da traição. Em algum momento de nossas vidas, precisamos trair nossos pais. Temos de admitir que não somos os filhos que eles tinham em mente. Ponto.

Isso nos liberta para vivermos nossa própria vida e é também, incidentalmente, libertador para nossos pais, estejam eles vivos ou não, em contato conosco ou não. O desejo mais profundo de todo pai e mãe é que seus filhos sejam autossuficientes, felizes e capazes de viver uma vida plena. Quando dizemos *não* para um pai ou para um chefe, que serve como um pai substituto, isso os libera do confinamento do papel de pai e, quer eles reconheçam, quer não, lhes dá a satisfação de representar um papel na recuperação da mais preciosa das dádivas: a nossa liberdade.

Eles podem não saber que nossa traição é uma dádiva. Eles podem não apreciar nossa desobediência. Mas nossas ações têm um potencial inconfundível para pais e chefes trabalharem suas próprias transformações. Nós, ao menos, teremos feito nossa parte ao trazermos equilíbrio emocional e político a nossos relacionamentos com a autoridade, e isso é a coisa mais poderosa que podemos fazer. Especialmente quando somos capazes de fazê-lo mantendo o contato e não alienando os outros.

> O que quer que façamos, não podemos controlar ou prever o impacto que terá naqueles ao nosso redor. Esse não é um aspecto da vida para sermos estratégicos ou táticos – o engenheiro é inútil aqui. Esperamos encontrar uma maneira compassiva e atenciosa de achar nosso espaço. Mas ninguém é incrivelmente hábil quando está renegociando um relacionamento. Tudo que podemos fazer é agir de boa fé e perdoar-nos pela falta de jeito de nosso noviciado.

A empresa é minha

Todos temos de conviver com pessoas que têm poder sobre nós e precisamos chegar a um acordo com elas. Nós afirmamos nossa liberdade e nosso compromisso com uma instituição quando podemos passar por cima do comportamento de um chefe e reagir às suas intenções. Sempre temos a escolha de oferecer o benefício da dúvida, merecido ou não. Podemos decidir que, no íntimo, a gerência leva em conta os interesses da instituição, e nos esforçarmos para entender suas intenções, mesmo que suas táticas pareçam não estar alinhadas com seus propósitos.

Não é que precisamos estar certos quanto às intenções nobres dos que estão no topo, mas, quando fazemos o esforço, agimos como donos do negócio, e isso é sempre para o nosso bem. Minha liberdade e minha realização vêm de agir para criar algo em que acredito. Eu posso escolher essa perspectiva independentemente de o mundo apoiá-la, recompensá-la ou até mesmo esperar isso de mim. As perguntas passam a ser: "O que meu chefe está tentando fazer?" e "O que é necessário agora para o bem-estar do todo?" A pergunta seguinte é sempre: "O que estamos querendo criar juntos?" Fazer essas perguntas abre um caminho para a ação independente.

Pare de procurar a esperança fora de você

Um último pensamento a respeito da idéia de abrir mão de nossos líderes: uma das coisas que queremos de um líder é que ele nos ofereça uma visão positiva do futuro – em outras palavras, esperança. Quando eles não expressam esperança – como quando Jimmy Carter declarou, durante seu período na presidência, que havia uma sensação de mal-estar nos Estados Unidos –, ficamos com raiva: "Como ele pôde nos desapontar desse jeito?"

Mas por que devemos pedir a nossos líderes que definam a realidade para nós? Cabe a eles transmitir a esperança que não conseguimos sustentar? É desse modo que pedimos que eles nos mintam, para então culpá-los por não realizarem o amanhã que prometeram. De qualquer forma, a esperança é supervalorizada. Werner Erhard diz que a esperança é um desejo tolo, um erro. Ele afirma que a esperança é o reconhecimento de que não estamos caminhando em direção a um possível futuro alternativo, mas estamos vivendo no passado. Ele é sábio em dizer isso. A esperança é a constatação de que não temos algo. A reprovação de nossas capacidades.

Nossas reivindicações de esperança ou desespero não se baseiam no que está fora de nós. Elas são uma projeção de nossa experiência, de nosso aprendizado. Quando estamos vivos e em movimento, o mundo está vivo e em movimento. Quando cavamos um buraco é porque a esperança nos abandonou. É uma projeção do momento.

Disseram-nos para não abrir a caixa de Pandora. Tentamos evitar conversas e experiências desagradáveis. As instituições deixam claro que não há espaço para discussões confusas ou dolorosas. Que pena, pois o que está no fundo da caixa de

Pandora é a Esperança. O que significa que, se desejamos nos agarrar à idéia da esperança, devemos pagar seu preço – ela precisa ser comprada com a coragem de mergulhar quando estamos nos afogando, de nos aprofundarmos nas escuras e misteriosas dimensões de nossa experiência. E, se isso é válido, a idéia de que podemos comprar a esperança pelo preço de ouvir um líder delinear o futuro é o mesmo que acreditar que estamos fazendo um "negócio da China" quando o que estamos de fato recebendo é uma mercadoria sem nenhum valor.

O mesmo se aplica aos primos da esperança: o otimismo e o pessimismo. O mundo externo provê amplas evidências para apoiar tanto o otimismo quanto o pessimismo e, portanto, podemos escolher qualquer um. Em uma cena de *Cândido*, na qual o Dr. Pangloss é atingido pela violência, pela perda da vida e de membros, ele declara: "De todos os mundos possíveis, este é o melhor". Então, aqui estamos. Não existe isso de otimismo baseado na realidade, nem pessimismo. Tudo que temos é a experiência de nossa própria vitalidade ou falta de vitalidade, à qual, quando projetada no mundo, podemos chamar de otimismo ou pessimismo.

▼

Se queremos continuar buscando a esperança, então é melhor que nos tornemos seus produtores, e não consumidores. Que ela seja uma oferta e não uma demanda. Que ofereçamos esperança a nossos líderes, já que os criamos, porque eles precisam de todo apoio que puderem conseguir. Se você supervisiona outras pessoas, deixe-as ler este capítulo. Elas provavelmente não gostarão, mas ao menos você terá lhes dado um aviso.

10

ambição

ah, a propósito... você tem de desistir de sua ambição. Grande parte de nossa discussão foi sobre o preço que precisamos pagar para agir de acordo com o que importa. O preço pode parecer alto por uma aventura que não planejamos, mas, por outro lado, também pagamos um preço quando escolhemos a segurança. As estradas seguras do pragmatismo e da submissão não são baratas, embora a promessa de nossa cultura seja um pouco mais otimista. A cultura oferece um acordo especial quanto à segurança. Ela promete que, se tivermos

- lealdade inquestionável às metas e à cultura de nossa organização,
- respeito por sua liderança,
- a crença de que a tecnologia, a velocidade e a eficiência são as chaves para a prosperidade,
- e a confiança de que a nata chegará ao topo se mantivermos a fé e formos pacientes...

...então isso vai nos trazer segurança na forma de afiliação a um grupo, estabilidade econômica e uma boa vida.

Essa promessa atende ao anseio de cada um de nós de ser levado a um ponto de observação bem alto e ouvir nosso pai nos dizer: "Um dia isso tudo será seu". A única exigência é que você seja um bom filho.

Somos forçados a obedecer a essas crenças a partir do momento em que entramos na escola e, muitas vezes, desde o momento em que nascemos. Acreditamos que essas diretrizes, ou outras parecidas com essas, proporcionam a coesão que faz a sociedade moderna funcionar. Essa, então, é a vida que nos espera, quer tenhamos uma chance real nela ou não. Esse é o projeto da sociedade de consumo. Esse é o combustível de nossa ambição.

O desejo de viver aquele momento com nosso pai ou mãe ou com seus substitutos, em que tudo nos será entregue, pode ser o desejo de ser abençoado por Deus. Se esse for o caso, então procure em Deus o que você deseja, não em um supervisor de segunda categoria. Nem em uma organização.

Questionando o pagamento

A promessa de plena afiliação, e a segurança que ela nos dá, é o que nos faz desistir de nossa liberdade genuína, de nossa real segurança e de uma vida que importa. O amadurecimento e a reivindicação de nossa cidadania acabam nos levando a perceber que é a nossa ambição que nos joga nos braços da cultura. Estou falando aqui de nossa ambição de ascender a uma posição de poder institucional, de sermos reconhecidos em nossa profissão, de que nos ofereçam as chaves de uma comunidade fechada. Essa é a ambição que temos de questionar. Por que devemos desistir de nossa ambição é algo que eu não entendo direito, mas sei que é verdade. A escolha de não procurar a aprovação da sociedade, o orgulho dos pais e a segurança institucional é uma questão muito complexa e pessoal. Talvez seja possível ser ambicioso e não perder o controle da própria vida, enquanto se persegue os ideais de outras pessoas, mas raramente vi isso acontecer. Mesmo que sejam metas alcançáveis, o estilo de vida e a tranqüilidade são deuses pequenos demais para se venerar. Assim como é buscar as respostas para o *Como?*

Aqui estão algumas maneiras pelas quais nossa ambição e disposição de estar à altura dos padrões da cultura tendem a nos aprisionar:

1. Quanto mais sobem em uma organização, mais ansiosas as pessoas ficam. Os que estão no topo parecem pressionados a acreditar que têm as respostas e a falar como se tudo que dizem precisasse ser digno de citação. Quando dão palestras, alguém escreve o texto por eles. Quando andam pela organização, raramente o fazem sozinhos, o que me faz pensar que são um pouco solitários e tímidos. Eles sempre foram desse jeito ou o peso da responsabilidade os transformou?

2. Festas de aposentadoria são muitas vezes o primeiro lugar onde a verdade é dita em público. Elas são, para muitos, a primeira vez em que os anos de cuidado com a instituição e com o que ela representa são celebrados. Essa é a hora em que as pessoas tendem a lhe contar a verdade a seu respeito (e a respeito dos outros), já que a influência delas sobre você acabou, você está prestes a se libertar. Você já não está vulnerável. Você não mais vive sob a sombra da espada porque está prestes a ser libertado. Você é, finalmente, à prova de balas. Se ficar de pé, você pode até levar um tiro, mas não sentirá a dor.

3. Os vencedores em nossa cultura têm pouca capacidade de autocrítica. Se quiséssemos questionar a mentalidade cultural, o propósito de nossas instituições ou o papel da liderança em nossas organizações ou comunidade, seríamos lembrados rapidamente de que o capitalismo é o melhor sistema já inventado, que nossa organização tem sido bem-sucedida ao longo dos anos e que a alta gerência sabe o que está fazendo. Há pouco espaço para a crítica. Quando enfrentamos ativistas que querem mudanças rápidas, nós recuamos, pois eles ativam nosso medo do caos e da desordem. É por isso que banimos nossos artistas para a margem da sociedade e os mandamos às favas. São os artistas que preferem a liberdade à segurança e usam seu talento para questionar e confrontar a cultura.

Fazendo um bom trabalho

É importante reconhecer que desistir de nossa ambição não significa que estamos desistindo de nosso desejo. Pelo contrário. A ambição, novamente, significa buscar o reconhecimento das instituições, de seus líderes e de nossa profissão. Nós trocamos a ambição por escolhas sobre o que importa, sobre como escolhemos agir e sobre o que escolhemos criar. O que afirmamos é nossa determinação de fazer um bom trabalho, com ou sem aprovação. Quando escolhemos esse idealismo, negamos a mentalidade de que faz parte da natureza humana perseguir interesses pessoais, de que as pessoas fazem basicamente o que é recompensado e de que, se algo não pode ser medido, também não pode ser feito.

Desistir de nossa ambição não significa que temos de trocar de emprego ou ir a qualquer lugar. Nós só temos que entender. Nós só temos que adiar as perguntas *Como?* Nós só temos que dizer *Sim* e seguir em frente.

Abrir mão de nossa ambição não é fácil. Agir de acordo com os nossos valores e alcançar reconhecimento do mundo são anseios reais e universais, e ambos importam. O problema é que precisamos começar a nos preocupar com o mundo, o que significa agir de acordo com nossos valores. A idéia é primeiro abraçar a tarefa de reconstituir o mundo e depois esperar obter algum apoio para isso. Nosso trabalho fundamental é a reconstrução, ou transformação, da cultura através de nosso exemplo de vida, de nossas palavras e nossos compromissos. Cada um de nós faz isso à sua maneira; o esforço conjunto torna-se uma expressão unificadora de nosso cuidado, até mesmo de nosso amor por tudo. Esse é um ato de intimidade e a vivência de nossa própria profundidade.

O chefe não é um motivador

E, se você é o chefe, pare de usar sua aprovação, e a possibilidade implícita de promoção, como uma cenoura diante de um burro. Como agentes motivadores, as cenouras deveriam ser reclassificadas como substância proibida. Seu uso é baseado em pesquisas feitas com ingênuos pombos e com o cão de Pavlov. Como já vimos, a idéia de que os chefes devem motivar seu pessoal nos escraviza. Em vez disso, reúna seus funcionários e estimule a conversa certa. É um papel importante para qualquer chefe – apoiar a busca coletiva do que importa. Que isso seja motivação suficiente. Por que não agir para apoiar aqueles que vivenciam sua liberdade e cuidam do todo? Seria um grande alívio não ter mais aquelas discussões carregadas de desespero sobre o que fazer com os inúteis e como lidar com empregados que imploram para serem resgatados.

Para explorar o significado da ambição seja como chefe ou subordinado, faça a si mesmo as perguntas "Se eu conquistar o que quero, o que vou conseguir com isso?", "Eu realmente quero isso?" e, por fim, "Eu suportaria isso agora?" Eu ouvi essas perguntas da consultora e autora Charlotte Roberts, e elas me levaram a um lugar interessante. Responder a elas repetidas vezes, começando, a cada vez, onde a última resposta parou, me deixou mais próximo do que eu realmente quero, o que, para a maioria de nós, seria viver e vivenciar nossos valores mais profundos.

Ambição secundária

Uma observação especial para aqueles que vêm lidando há algum tempo com perguntas como essas: justamente quando você pensa que encarou suas ambições e recuperou seu propósito verdadeiro, quando começou a valorizar os relacionamentos e a se preocupar com o todo de novo, quando você começou a experimentar alguma liberdade e acostumou-se com a prática de dizer *Sim*, a ambição dá um jeito de se esgueirar pela porta dos fundos. Pois agora, como minha filha Jennifer costuma dizer, estamos em uma via expressa espiritual. Queremos prova, reconhecimento e aprovação por termos nos tornado íntegros, por sermos participativos como gerentes, por nos orientarmos agora por valores, por estarmos transformando a cultura da organização para que ela se torne ágil, rápida, centrada no funcionário, baseada no consumidor e amigável aos acionistas.

Seja todas essas coisas, mas pare de exigir o crédito por elas. A exigência de crédito e os pronunciamentos são a maneira pela qual o marketing e os refinamentos cosméticos substituem a mudança genuína.

▼

Isso serve para indivíduos e para instituições: quanto mais nos concentramos no que conta para nós, mais complexa nos parece essa tarefa. Não há pressa, nenhum lugar para ir, nenhum destino a alcançar em nosso tempo de vida. Já chegamos lá desde o momento em que começamos. E, toda vez que lutamos pelo reconhecimento e pela recompensa, somos lembrados do trabalho que ainda falta fazer.

11

o todo

cuide do todo (quer ele mereça ou não). Amadurecer e conquistar nossos documentos de cidadania são eventos marcados por uma cerimônia de formatura. Fomos convidados a dar o endereço da festa de formatura de nossa graduação, a começar a dizer *Sim* para nossa liberdade, para nossa prontidão em assumir plena responsabilização. Nossa liberdade começa ao conhecermos nossas intenções, sabermos o que nos importa, sabermos quais valores guiarão nossas ações. A pergunta, então, é: com o que estamos dispostos a nos comprometer?

Uma promessa quebrada

Houve um tempo em que nosso local de trabalho respondia por nós à questão do compromisso. Ou ao menos o fez comigo. Quando comecei a trabalhar na Exxon, entrei sem perceber em um contrato social. Eu firmei um compromisso com a companhia e, em troca, eles firmaram um compromisso com meu futuro. O contrato foi estabelecido logo no início. Na entrevista de recrutamento, eles me fizeram perguntas previsíveis sobre como eu via meu futuro e depois me disseram como eles o viam. Se eu trabalhasse duro, cumprisse seus objetivos, estivesse aberto a aprender e me adaptasse ao seu estilo e à sua cultura, o caminho estaria livre. Em seis meses, teria um aumento mensal de $35 dólares (isso foi há muito tempo), em dezoito meses poderia esperar um cargo melhor, e em dois anos a dois anos e meio, uma promoção para supervisor. O cargo de chefe de seção viria depois de três a cinco anos, mas, com meu potencial, era provável que fossem apenas três. Fui apresentado aos gerentes que passaram por esse caminho, aos modelos de conduta e às tarefas.

Na mesma tarde, fui levado com minha esposa em uma turnê pela área e nos mostraram onde os novos empregados normalmente viviam; depois passamos pela estrada onde o pessoal sênior vivia e, então, subimos o morro, chamado pomposamente de Montanha Watchung, onde os executivos viviam. Não cheguei a escolher uma casa específica no morro, mas a estilo Tudor com garagem dupla me impressionou.

Tudo que me restava era dizer *sim*, o que fiz depois de enrolar durante dois dias para parecer que tinha outras ofertas e estava escolhendo a Exxon pelas razões certas.

Logo depois que entrei na empresa, ocorreu a crise do petróleo e a Exxon fez sua primeira demissão em massa no meu departamento – e tudo mudou para sempre. Levei alguns anos para perceber que isso se tornaria um modo de vida, que o padrão já estava definido. O contrato social fora quebrado, o acordo cancelado e, no final, todos sabíamos disso. O contrato segundo o qual eu trabalharia duro e eles cuidariam de mim fora quebrado, e outros se seguiram a esse.

Compromisso sem barganha

Aqui estamos em um novo século e muitos de nós não conseguem nem se lembrar daquele contrato. Agora celebramos a era do agenciamento livre. Pegamos os pontos negativos do abandono e da traição das companhias que nos empregavam e os transformamos em pontos positivos de empreendimento. Temos agora "passe livre", como no mundo dos esportes, o que significa que vendemos nossos serviços pela maior oferta. Sou agora o CEO da Eu Ltda., e a cultura me diz a cada esquina que meu compromisso deve ser comigo mesmo: desenvolver minhas habilidades, anunciar a mim mesmo como um produto, viajar com o dinheiro do meu fundo de pensão. Se tenho um diploma de MBA de uma boa escola, eu arrumo saídas estratégicas. Ganho o dinheiro primeiro e depois faço o que importa. As empresas, por sua vez, terceirizam o que podem, reduzem benefícios sempre que possível, não firmam nenhum outro compromisso com seus funcionários além do pagamento justo por dia de trabalho ou, ao menos, de pagamento por dia de trabalho.

Isso nos força a escolher o que, antes, nos era dado. Com o que eu me importo e a que eu quero dar o máximo de minha atenção? A cultura me diz para administrar minha carreira buscando a melhor vantagem para mim. A oportunidade que nos está sendo aberta é a de decidirmos nos comprometer com algo maior, mesmo que não haja uma promessa de retorno. O economista diz: "Não seja tolo". Valorize você, o produto. Aceite a melhor oferta. Se nenhuma promessa for feita, nenhum compromisso será necessário.

> Se ouço o economista, comercializo a mim mesmo e passo meus dias vivendo uma vida instrumentalizada. Se valorizo minha liberdade, devo reivindicá-la o mais cedo possível. Minha liberdade se expressa pelos meus compromissos, não pelos acordos barganhados. Apenas quando faço escolhas sem nenhuma expectativa de retorno é que sei que

escolhi livremente. Se meu compromisso é um ato de barganha, estou negando minha liberdade. Pensar em mim mesmo como um produto, como passe livre, me transforma em uma mercadoria.

Isso me aliena de mim mesmo, me transforma em objeto, e é algo que faço com minhas próprias mãos. Então, um passo essencial em direção a escolher o *Sim* é a decisão de me comprometer com algo maior do que eu, indiferente às barganhas à minha disposição. Algo muda dentro de mim quando me comprometo com uma instituição sem expectativa de retorno. Enquanto estiver nesse emprego, vou me preocupar com esse lugar. A resposta para a barganha é a generosidade.

O lugar importa

Agora, a questão passa a ser: o que eu quero dizer por "esse lugar". Minha unidade, minha equipe ou minha organização? A resposta tradicional para essa questão é: identifique o lugar de maneira precisa e construa-o bem. Seja um bom regente de unidade, guarde bem os limites de sua propriedade, e o resto se resolverá por si só. O desafio com que nos deparamos, e que vai nos definir, é: qual deve ser a amplidão dos limites que traçamos? Quem cuida do terreno comum a toda a instituição? A cultura diz que é função da alta gerência cuidar da instituição como um todo, e que nosso trabalho é nos concentrarmos na tarefa que temos em mãos. Deixe os que estão no topo manterem a coesão. Esse é o modelo dos interesses limitados.

Precisamos nos dar conta de que podemos ser alvo de desconfiança e acusados de altruísmo se demonstrarmos preocupação pela instituição como um todo. Podemos ter de devolver dinheiro do orçamento ou aceitar a sugestão de que algumas pessoas em nosso grupo deveriam reportar-se a outro gerente. Podemos mostrar voluntariamente que muitas das coisas que fazemos não valem a pena ser feitas, e que seria melhor parar com elas. Tomar essas atitudes seria definitivamente contracultural e, portanto, teríamos uma chance de sermos tolos. As perguntas que nos servem são "Com que nos importamos?", "Como agimos de acordo com essa intenção, a despeito das mensagens culturais?" e "Faríamos isso sem antecipar recompensas e até esperando desprezo?" Pois, quando nos concentramos no todo, no possível custo para nossa unidade, pressionamos, silenciosamente, os outros a fazerem o mesmo, e essa pressão não é bem-vinda. Violar acordos tácitos pelo bem do negócio costumava ser chamado de "baixar o nível".

Propósito institucional

A questão do compromisso é a mesma para a instituição. Ela tem de decidir aos interesses de quem ela pretende servir. A resposta do economista é: "Aos dos acionistas, seu estúpido!" Os economistas chegaram até a declarar que qualquer ato de pura responsabilidade social é contra os interesses dos acionistas, e que os donos podem processar a gerência por gastar recursos em preocupações sociais.

A questão do propósito é mais complicada para uma organização sem fins lucrativos ou, como alguns a chamam, organização de utilidade pública. Sua declaração de missão normalmente envolve a preocupação com o bem comum. Mas sua maneira de atuar coloca algumas questões quanto a seus limites. Trata-se de uma instituição de serviços, que existe apenas para servir a seu público alvo? Ela está competindo com outras instituições por fundos escassos? "Estamos aqui para servir a quem?" é a pergunta institucional mais profunda do compromisso. A sabedoria convencional diz que só devemos ir até a linha de demarcação da nossa propriedade. Os limites da cidade definem a área de administração das prefeituras, as fronteiras nacionais são o limite para os líderes mundiais.

Por exemplo, pegue um centro comunitário que ofereça serviços de saúde e recreação. Ele tem uma academia, uma creche e um programa de atividades para jovens. Ele compete com os centros comunitários de cidades próximas? Compete com academias ou creches privadas? A maioria dos servidores acredita estar competindo e age de acordo com isso. Eles acham que seu objetivo é ser o centro comunitário número um da região.

Em vez disso, por que não decidir que a missão é apoiar as comunidades de todos os lugares, patrocinar o preparo físico onde quer que as pessoas escolham desenvolvê-lo, patrocinar creches para todas as famílias que precisam?

Isso indicaria que o propósito real do centro é agir de acordo com um conjunto de valores que dizem respeito à interdependência, ao engajamento cívico, à família, à saúde e à preocupação com a próxima geração. Se levássemos esses valores a sério, acreditaríamos que somos partícipes do sucesso de todos os centros comunitários, academias e creches. Criaríamos uma aliança com essas outras organizações e trabalharíamos para melhorar todas elas. Examinaríamos os pontos fortes de cada operação e faríamos com que os melhores ensinassem os demais. Compartilharíamos informações operacionais e talvez até tivéssemos membros da diretoria coincidentes nessas instituições para apoiar centros mais novos ou em dificuldades.

A estratégia de marketing seria fazer que mais pessoas se exercitassem, mais crianças fossem cuidadas, e que houvesse mais envolvimento da comunidade da área. O centro comunitário que tenho em mente tem 2.000 membros. Todos os centros comunitários, academias e creches da região têm cerca de 8.000 membros ativos. Há 75.000 pessoas vivendo na região. Por que não dizer que a meta de marketing é conseguir mais 10.000 pessoas participando ativamente, não importa onde?

Agora, você pode dizer que a maioria das organizações já faz parte de uma associação que promove seus interesses. Mas a maioria das associações protege os limites territoriais de cada membro em vez de sobrepor e expandir essas fronteiras. Poucos "competidores" comprometem-se com o sucesso um do outro. A mudança para o *Sim* implicaria levar mais a sério o serviço e os valores da missão da instituição, e tratar de forma mais descontraída suas fronteiras e seu domínio. O clima para esse tipo de proposta é cada vez mais receptivo, com o aumento de alianças e parcerias, mas a mentalidade de "Essa é minha unidade, minha divisão, minha organização" ainda é forte. É interessante que, quando sugerimos seriamente uma concepção mais ampla do que é "nosso", nos dizem que somos idealistas demais. Para o que eu diria: "Obrigado!"

Se mantenho as fronteiras em torno daquilo que possuo, então ninguém estará cuidando do terreno comum e ele permanecerá abandonado. Na mente do economista, o mercado livre cuidará disso. A sobrevivência do mais bem-equipado. Não pode acontecer de o terreno comum ter valor por si só, e não pelo seu potencial econômico?

Boas cercas resultam em maus vizinhos

A resposta clássica a idéias como essa é uma mistura de cinismo e medo. Se defendemos dar o que temos, ceder em nossos interesses econômicos, cuidar de algo apenas por cuidar, nos pedem para justificar como isso atende aos melhores interesses da instituição a longo prazo. Ou do indivíduo. Interesse pessoal, seja a curto ou longo prazo, é a única explicação aceitável para nossa motivação. A filantropia foi transferida para o departamento de marketing. O trabalho com crianças de rua justifica-se como um meio de manter a paz nas ruas. O investimento em áreas urbanas que anteriormente eram perigosas é feito para proteger nossa marca, nossa propriedade, nosso potencial de crescimento a longo prazo. Esse tipo de raciocínio é uma medida de nosso cinismo.

Esse é o mundo que nos foi entregue. Essa mentalidade drena a energia de nossa vida, nossa humanidade e nossa alma. E, por fim, ela limita nossa liberdade, pois agir de acordo com um propósito que é definido de maneira tão restrita nos faz menores, menos capazes de ação independente, até mesmo em nosso momento de sucesso.

> Então, para agir de acordo com o que importa, precisamos optar por definir nosso lugar de maneira mais ampla. Não justificar isso com explicações instrumentalizadas, porque não estamos dispostos a reduzir nossa melhor parte. Nós decidimos, nesse momento, ser responsáveis por algo maior, pelo todo, pelo bem comum, e essa é a mais poderosa definição de responsabilização. Eu não mais diluo a minha liberdade. Eu troco algo que parece seguro por uma vida que importa, ao cuidar do todo.

Mas como reconciliamos o propósito individual com o propósito institucional? Suponha que você decida cuidar do todo. Você se compromete com a organização como um todo, mesmo à custa de sua unidade; seu compromisso é com seu segmento industrial, com a comunidade, com o meio ambiente, com a criação de um local de trabalho habitável, ou com um mundo amigável para a família. Se os líderes de sua organização fizerem uma escolha diferente, o que isso significa para você?

Nada.

Afinal, quem decide o propósito institucional ou os valores institucionais? A convenção diz que é a alta gerência. Mas por que deveríamos transferir tão facilmente para um líder o que mais nos importa? A mentalidade que expressa o *Sim*, nossa liberdade, e a força de nossa capacidade para agir é o pensamento de que *nós* decidimos como deve ser o mundo ao nosso redor. Na verdade, você pode apostar que a maioria das instituições do nosso tempo vai se definir como organização econômica ou de serviços limitados. Esse é o presente delas para nós, pois agora sabemos que as escolhas que fazemos são nossas.

O trabalho é um bom lugar para se estar

Os locais de trabalho que habitamos são plataformas perfeitas para expressar nossas intenções. Meu local de trabalho é onde encontrarei minha voz. É onde descubro que tenho tudo de que preciso, e que, por não ter muito mais a me oferecer, ele perdeu sua influência sobre mim. Não importa se a liderança de nossa organização não compartilha nossos valores. É suficiente esperar que eles compartilhem valores entre si. Deixe-os quietos. Eles não estão aqui para satisfazer nossas expectativas. Eles existem para administrar uma organização, e não a nós. Realmente, grande parte do que a liderança institucional faz hoje vem do que eles pensaram que queríamos e precisávamos ontem. Pode ser que a instituição nos ouça no momento em que encontrarmos nossa voz.

Alguns racionalizam sua cautela ao dizer: "Deixe-me jogar o jogo para que eu possa entrar nele". Se eu não for eleito, minha voz não importa. Eu cantarei a canção deles hoje, para que eu possa tocar minha própria composição mais tarde. É um adiamento tolo. Pois os líderes de hoje partilhavam da mesma crença. Eles esperaram para encontrar sua voz até que estivessem em uma posição de poder. Em algum ponto eles olharam para trás e descobriram que seu tempo havia passado, que sua voz estava mal colocada. Alguém havia deixado o bolo na chuva[1]. Seus desejos perderam a vitalidade por falta de uso. Por que pensamos que será diferente conosco?

A intenção é permanecer íntegro e manter nosso centro. Robert Sardello, como veremos mais tarde, escreveu, em *Facing the World with Soul*, que devemos mostrar nossos eus verdadeiros ao mundo. Se o mundo funciona sem um centro, isso pode nos custar o nosso. Se a comunidade não tem centro, ou um prédio mostra poucos sinais de vida, algo morreu dentro de nós. É por isso que temos participação na vitalidade urbana e no poder econômico-social. A omissão nos deixa com um conflito não resolvido dentro de nós. Mudar-se para o subúrbio não ajudará. Se estamos criando o mundo, então ele está nos criando ao mesmo tempo, e, mesmo se desviarmos nossa atenção ou nos mudarmos, continuaremos eternamente conectados com algo maior. Disso não podemos escapar.

---

1 Provável referência à música Mac Arthur's Park, de Jimmy Webb: "Someone left the cake out in the rain. I don´t think that I can take it, 'cause it took so long to bake it, and I`ll never have that recipe again." (N. do T.)

▼

A cidadania significa agir como se coubesse a mim criar esse lugar maior, enquanto a sabedoria convencional diz que eu não posso ter responsabilidade sem ter autoridade. Essa é uma idéia ultrapassada. Deixe-a morrer em paz. Sou responsável pela saúde da instituição e da comunidade, ainda que não as controle. Posso participar da criação de algo que não controlo.

Parte **4**

arquitetura social

Precisamos de uma imagem ou papel salvador para nos guiar na realização de nosso potencial de criação das estruturas sociais nas quais queremos viver. A discussão, agora,volta-se para a obsessão de nossa cultura pela utilidade e como ela nos distrai da busca do que realmente importa. Os arquétipos dominantes da utilidade são os do engenheiro e os do economista. Eles representam a essência do pragmatismo e do comércio. O que está ausente em um mundo dominado pelo engenheiro e pelo economista é o artista. O artista precisa entrar em nossa vivência institucional, a fim de criar um espaço para o idealismo, a intimidade e a profundidade. Esta seção propõe o papel e a mentalidade do arquiteto social como forma de integrar os talentos do engenheiro, do economista e do artista. Essa é uma maneira de pensar sobre o que podemos fazer tanto para agir de acordo com nossos valores quanto para ter um impacto sobre como nossas instituições funcionam.

12

instrumental

o imperativo instrumental. No momento em que ganhamos suficiente clareza pessoal quanto a nossas intenções e decidimos nos responsabilizar por trazê-las ao mundo, nos deparamos com uma cultura que é indiferente ou até mesmo inamistosa em relação ao idealismo, à intimidade e à profundidade que isso exige. A cultura moderna não foi organizada para apoiar nossos desejos idealistas, íntimos e mais profundos. Ela foi organizada para reforçar o comportamento instrumental. Mas, se entendermos a natureza da cultura, poderemos ganhar algum poder de escolha sobre ela.

A mensagem é o meio

A cultura é, na verdade, um conjunto de mensagens sobre como devemos atuar no mundo. Ela nos impõe o imperativo político de darmos continuidade ao programa, e o programa exige que nos tornemos altamente instrumentais. A palavra *instrumental* capta aquele aspecto de nossas vidas, especialmente no trabalho, que valoriza a eficiência (o engenheiro) e a barganha, a troca e a arte da negociação (o economista). Mas não temos apenas de chegar a um acordo, temos de nos tornarmos o acordo. Somos definidos como uma moeda, segundo a taxa de câmbio atual em um dado mercado. É uma acomodação que fazemos com o mundo que pode nos desviar, passo a passo, daquilo que mais nos importa. Esse é o meio pelo qual a versão comercial do que significa ser uma pessoa nos mantém enfeitiçados.

Examinemos a palavra *instrumento*. Uma das definições da palavra é "uma pessoa usada por outra para realizar algo" (Webster). Somos instrumentos uns dos outros quando nos usamos mutuamente para obter um resultado. Isso enquadra os relacionamentos, por exemplo, como um meio para um fim, e não como um fim em si mesmo. Isso representa uma vida baseada na barganha.

A instrumentalização é uma postura filosófica. É uma "doutrina pragmática na qual as idéias são planos de ação, servindo como instrumentos para o ajuste ao ambiente, e cuja validade é testada por sua eficácia" (Webster de novo). Para agir de modo instrumental é preciso que vejamos o mundo segundo seu grau de eficácia, de quanta influência ele nos permite ter, e de qual será o retorno de nosso investimento. Começamos a pensar em vidas como coisas instrumentais e não íntimas. O idealismo é um passivo em um mundo instrumentalizado. A intimidade é tratada como auto-indulgência, e há pouco tempo para a profundidade. Se não formos cuidadosos, os valores da eficiência, da influência e do lucro, que são os pilares do mundo do comércio, começarão a se tornar centrais para nossa identidade.

O que eles querem de mim?

O ato de nos tornarmos mais instrumentais não apenas significa que valorizamos basicamente o uso que fazemos uns dos outros, mas também nos leva a viver cada vez mais de acordo com as expectativas externas que são colocadas sobre nós. Dessa forma, nós nos tornamos um veículo para realizar as intenções daqueles ao nosso redor – não como um ato de serviço, mas como um ato de acomodação. Nossa tarefa passa a ser nos adaptarmos ao nosso ambiente, o que é a essência da orientação para o mercado. A mentalidade de mercado, que é relevante para um negócio, determina nossa identidade como pessoas. Nós nos tornamos produtos medidos pelo valor de mercado. E logo nossos relacionamentos, nossos sonhos e até mesmo nossos *insights* mais profundos tornam-se um meio para um fim.

Quando vemos o mundo de forma instrumental e julgamos o que fazemos de acordo com o custo e a eficiência, a pergunta "Qual é o motivo para se fazer isso?" é superada pela pergunta "Isso é rápido e eficiente?" A questão "O que funciona?" ganha. "O que importa?" fica em segundo lugar. Dessa maneira, os valores humanos e os relacionamentos íntimos correm o risco de se tornarem um filho adotivo dos valores comerciais e do refinamento operacional.

Uma vida equilibrada

Um sintoma da nossa instrumentalização é toda aquela conversa de querermos mais equilíbrio em nossas vidas. O que queremos dizer quando queremos mais equilíbrio entre nossas vidas e nosso trabalho? Antes de mais nada, isso quer dizer que encaramos o trabalho e a vida como opostos. Isso significa que não nos sentimos vivos quando estamos trabalhando? Que nossa vida pessoal é separada de nossa vida profissional? Quando não estou trabalhando, é minha vida, e quando estou trabalhando, é a vida de outra pessoa? É por isso que eu chamo a isso de *trabalho*?

São conceitos como esse de nossa vivência que nos desequilibram. No esquema que estou usando aqui, eu sugeriria que é a tensão entre "O que importa?" e "O que funciona?" que está desequilibrada. Se isso for verdade, trabalhar em casa ou até mesmo passar mais tempo com nossas famílias não resolveria a questão do equilíbrio trabalho/vida. A solução está em procurar o equilíbrio entre nos engajarmos no que tem significado para nós e fazermos coisas úteis e práticas, ou, em certo sentido, instrumentais. Estar plenamente vivo é estar em equilíbrio onde quer que estejamos.

Isso também pode ser enquadrado como a tensão entre o que a cultura tem em mente para nós e o que está em nossos corações. Quando agimos de acordo com nosso propósito mais profundo, pagamos um preço mais alto, pois muitas vezes isso exige que nademos contra a maré da cultura dominante. Até que aceitemos as maneiras pelas quais a cultura nos atrai para uma vida de instrumentalização, nunca reuniremos coragem suficiente para agir realmente de acordo com os desejos de nosso coração.

O poder da cultura padrão

Nossas instituições, e até mesmo a cultura no sentido mais amplo, atuam segundo a crença de que tudo que importa, tudo que é real, é o que é tangível, palpável, mensurável e "produtivo". Esse viés a favor da utilidade e do retorno instrumental permeia todos os aspectos de nossas vidas:

1. Quando as escolas passam por momentos difíceis, os primeiros programas a serem abolidos são as aulas de artes. Podemos defender com facilidade nosso investimento naquilo que consideramos o básico: leitura, escrita e aritmética. Mas normalmente tratamos como luxos dispensáveis cursos que não têm nenhum potencial óbvio de carreira.

2. Quando não se pode construir em cima de um terreno, cultivá-lo ou escavá-lo, nós o chamamos de imprestável. Eu participei de uma reunião de zoneamento durante a qual o advogado do empreendedor disse à diretoria: "Se vocês não nos permitirem construir uma casa nessa propriedade, a prefeitura vai se apossar do terreno e o tornará inútil". Em um mundo onde o uso produtivo é o bem supremo, a terra não comercializável não tem valor. Quanta importância para a natureza!

3. Hoje em dia, as faculdades estão no negócio de gerar currículos, não sabedoria. Isso não é apenas uma escolha da faculdade, mas também a dos alunos. O estudante pede cursos voltados para o desenvolvimento de carreira e a instituição reage.

4. A decoração de casas é atualmente organizada em torno de espaços onde o trabalho possa ser realizado. Minha cama virou uma mesa; minha sala de jantar, um escritório; e minha sala de estar, um centro de conferência. Comer e aprender, agora, são atividades móveis, pois meu carro passou a ser um restaurante e um centro educacional com fitas de áudio.

5. A produtividade organizacional depende da externalização e da redução de custos humanos. Nós recompensamos as instituições que minimizam sua necessidade de pessoas, as realocam para poder pagar menores salários e que consideram que as restrições de segurança e ambientais são regulamentação excessiva do governo.

Esses padrões – pessoais, institucionais e sociais – ganham poder em parte graças à sua sutileza. A cultura é tão poderosa que raramente percebemos seu efeito em nós. É o mar onde nadamos. A cultura atua em nós e por meio de nós e até mesmo nos expressa.

No sentido literal, no entanto, a cultura não determina realmente nossas ações nem explica por que fazemos certas coisas. Nós somos responsáveis por isso. A cultura é mais como uma presença nas sombras, pronta para entrar em cena quando não estamos prestando atenção.

Uma maneira útil de refletir sobre isso é chamá-la de *cultura padrão*. Em um software de computador, uma grande quantidade de configurações padrão vem com cada programa que você compra. Se você quiser, pode mudar essas configurações de modo que se adaptem a suas preferências, mas, se não o fizer, os padrões criam as regras.

Cada vez que desviamos nossa atenção de nossas intenções, nós agimos, de certa forma, segundo o padrão. Na ausência de uma intenção clara, de nossa disposição de mudar conscientemente as configurações do mundo que estamos criando, a cultura padrão é decisiva. Isso é difícil de ver claramente porque a cultura é capaz de absorver a retórica de nossa individualidade e liberdade. Ela (nós) permite (permitimos) espaço para nossos desejos, mas não nos encoraja a agir de acordo com eles. Embora ninguém argumente contra os valores e os desejos, tememos que eles possam levar à anarquia e ao caos. O resultado é que, embora toda instituição liste valores humanos em sua declaração de missão, eles são com freqüência colocados de lado no esquema operacional, para serem revividos apenas durante retiros ou quando declarações públicas são necessárias.

Habitando o que criamos

A história cultural que estou descrevendo é simplesmente a versão de hoje do que é chamado de modernidade ou modernismo. Em *Facing the World with Soul*, Robert Sardello escreve sobre a evolução do capitalismo. Ele lembra que, em seus primeiros dias,

> *"... a busca metódica, sistemática e contínua do ganho, evitando qualquer prazer, caracteriza o espírito original do capitalismo. O capitalismo nasceu da reforma protestante. O grande medo sentido por todas as formas de puritanismo é o de que em algum lugar, de alguma forma, alguém esteja se divertindo."* (p. 83)

Ou, para me parafrasear, alguém pode estar agindo de acordo com seus desejos. A busca do lucro, que Sardello chama de "aquisição ilimitada", ganhou respeitabilidade quando foi interpretada como "enraizada na natureza humana" (p. 85). Em vez de encarar o lucro ilimitado, ou o interesse pessoal, como uma escolha que fazemos, nós o tratamos como uma característica da natureza humana. E quando pensamos nisso como parte da natureza humana, paramos de procurar alternativas e nos submetemos à sua inevitabilidade. O economista em nós dá voz e validade a essa crença. Sardello reconhece o triunfo do prático sobre o estético e observa o medo que temos de que a busca do desejo e da intimidade acabem minando nossos interesses econômicos:

> *"... o perigo surge do comportamento incompatível com a economia que pode trazer à tona a aversão pelo trabalho, o interesse pela arte e pelo prazer sensual, a busca por trabalhos significativos... Nós mantemos o prazer sob controle, e o meio de manter esse equilíbrio é o orçamento. A economia torna-se o gerenciamento do prazer."* (p. 85)

Interessante. O medo do capitalismo é que nossos desejos e idealismo (prazer, no esquema de Sardello) sejam perigosos para a economia, que passaremos a buscar o prazer, nos tornaremos artistas e, pior de tudo, buscaremos um trabalho significativo. Nós controlamos esse impulso "perigoso" por meio do orçamento. E tem mais:

> *"... isso leva a uma situação na qual o dinheiro torna-se em si mesmo uma commodity que deve ser procurada, o dinheiro fazendo negócios por si mesmo, afastado de qualquer relação com a alma do mundo. A inanição psíquica que ocorre ao se remover a alma do mundo produz uma cobiça insaciável, pois, quando o mundo não estiver mais envolto pela alma, um imenso vazio se interporá, precisando ser preenchido."* (p. 86)

Esse é o cerne da cultura instrumental. A eficiência e o sucesso econômico foram culturalmente endossados como benefícios sociais universais, aos quais chamamos de progresso. Sardello defende que esse é um vínculo artificial ou fabricado, e que, na verdade, o oposto pode ser mais correto. Quanto mais focados na economia e no que ele chama de "orçamento do prazer", maior o custo social ou daquilo a que ele se refere como alma. Ele está redefinindo o significado de progresso, tentando desvinculá-lo do sucesso instrumental e colocá-lo em uma posição de mais idealismo e intimidade.

A tragédia do desenvolvimento

Outro autor que nos dá uma perspectiva mais ampla sobre nossa cultura é Marshall Berman. Professor de teoria política e urbanismo no City College de Nova York, ele escreveu um livro que foi um divisor de águas sobre as origens da cultura moderna atual, chamado *Tudo Que É Sólido se Desmancha no Ar*. Um de seus *insights* é que, embora estejamos inteiramente comprometidos em reformular, desenvolver e modernizar nosso mundo, isso não significa que este é o lugar em que queremos viver:

> *"Nossas construções e realizações mais criativas estão destinadas a se transformar em prisões e sepulcros caiados, dos quais nós, ou nossos filhos, teremos de escapar ou transformar, se a vida tiver de continuar."* (p. 6)

Essa é uma maneira de entender nossa alienação e perda do idealismo e intimidade com o mundo: apesar de investirmos uma grande energia pessoal para construir uma vida instrumental rápida e conveniente, não conseguimos ficar confortáveis nela.

Uma das histórias mais poderosas do livro de Berman é a sua versão do *Fausto* de Goethe, uma imagem arquetípica de nossas batalhas morais com o mal. Na interpretação de Berman, Fausto negocia com o demônio por uma causa nobre: o desenvolvimento econômico. Ele vende sua alma não para obter um ganho pessoal, mas pelo bem do comércio, e torna-se um empreendedor, uma pessoa que "visualiza, e luta para criar, um mundo em que o crescimento pessoal e o progresso social possam existir sem custos humanos significativos" (p. 66).

Quando um grande projeto de desenvolvimento aproxima-se de sua conclusão, Fausto depara-se com uma pequena parcela de terreno que os donos não querem vender. Depois que todas as tentativas de persuasão falham, Fausto pede para Mefisto, o demônio, que "coloque os donos do terreno fora do caminho. Ele não quer ver, nem saber os detalhes de como isso será feito." (p. 67)

Mefisto e sua "unidade especial" retornam naquela noite e informam que o trabalho foi feito. Fausto, de repente, fica preocupado e quer saber o que aconteceu com os donos do terreno. Quando descobre que Mefisto os matou e queimou sua casa, Fausto afirma que nunca pediu que lhes fosse feito nenhum mal.

> *"Fausto fingia, não só para os outros mas para si mesmo, que podia criar um novo mundo de mãos limpas... Primeiro contratou todo o trabalho sujo do desenvolvimento; agora ele lava as mãos e repudia os executores depois do trabalho terá sido realizado. Parece que o próprio processo de desenvolvimento, mesmo quando transforma um deserto em um espaço físico e social, recria o deserto dentro do construtor. É assim que a tragédia do desenvolvimento funciona."* (p. 68)

Berman sugere que, em nome do progresso, assumimos pouca responsabilidade pelos meios do desenvolvimento ou por seu custo social. Sua idéia mais relevante para nossa discussão é que qualquer coisa que criamos no mundo também é recriada dentro de nós. Se atuamos em um mundo no qual a eficiência, a metodologia e a instrumentalização são as metas primárias, nós as perseguimos à custa da profundidade e da intimidade, e isso é o que nos tornamos em um sentido maior. Nós compramos o progresso à custa de nossa humanidade e dos desejos vindos do coração.

Na rua em que moramos

Se cedemos às expectativas da cultura padrão, podemos estar construindo um mundo em que não queremos viver. Perguntar continuamente *Como?* convida e encoraja uma cultura instrumental, orientada para a economia, a se auto-afirmar. As respostas que recebermos a perguntas utilitárias com freqüência expressarão a voz da cultura padrão, com todas as limitações para agirmos de acordo com o que importa. Perguntar *Como?* é convidar nossas limitações para jantar e, mais tarde, perceber que elas não foram companhias muito agradáveis.

▼

Nossa disposição de agir de acordo com o que nos importa luta para encontrar seu lugar em um mundo estruturado sobre a instrumentalização. A tarefa é desfrutar, ainda que mantendo em perspectiva, os benefícios dos valores instrumentais, pois o comércio, a barganha e o pragmatismo são elementos essenciais de um sistema econômico viável. Ao mesmo tempo, precisamos de vez em quando dar ouvido ao nosso desejo de encontrar a liberdade, de sustentar o idealismo, a intimidade e a profundidade suficientes para que possamos agir de acordo com a nossa visão do que será feito do mundo. Manter cada um desses valores em um único recipiente é a tarefa.

13

arquétipos

os arquétipos da instrumentalização e do desejo. Carl Jung foi um psicólogo que teve uma influência profunda sobre nosso modo de pensar a personalidade e o comportamento. Ele desenvolveu o conceito do inconsciente coletivo. Ele entendeu que nossa maneira de viver a vida é afetada tanto pelas imagens comuns mantidas pela cultura como pela personalidade individual e pelo histórico pessoal e familiar. O ponto central de seu pensamento sobre o que determina nosso comportamento é a existência de certos arquétipos.

Um arquétipo é uma maneira herdada de pensar, uma imagem mítica que existe para todos os membros de uma cultura. Dentro da imagem de um arquétipo está reunida toda uma série de possibilidades e qualidades que nos ajudam a explicar quem somos e quem podemos ser. Quero usar esse conceito de arquétipos para explorar uma série de possibilidades e qualidades que nos ajudam a entender nosso lugar na "era industrial que se tornou a era da informação". O aspecto instrumental da cultura, discutido no último capítulo, adquire forma principalmente por meio dos arquétipos do engenheiro e do economista.

Quero explorar quatro imagens arquetípicas para entender o que nos é necessário para agir de acordo com o que importa: o engenheiro, o economista, o artista e o arquiteto. Cada um representa uma postura estratégica, uma maneira de pensar e uma maneira de agir que traz um conjunto de crenças ao mundo. O desafio é integrar as qualidades do engenheiro, do economista, do artista e do arquiteto a nossa própria estratégia para agir de acordo com o que importa.

Vamos começar com o engenheiro e o economista. Eles forjaram uma parceria que define muitas das crenças que dão suporte aos aspectos instrumentais da nossa cultura. As estratégias organizacionais de ação dominantes nos dias de hoje surgiram porque pedimos a elas que montassem o palco para nós.

O arquétipo do engenheiro

O engenheiro é o protótipo da vida pragmática. O coração e a alma da estratégia de engenharia é controlar, prever, automatizar e medir o mundo. O engenheiro concebeu, gestou e deu à luz a era industrial. A produção da Bíblia de Gutenberg é um exemplo de um triunfo da engenharia que nos levou a uma enorme transformação social. Os engenheiros existem para resolver problemas e, por isso, eles se preocupam tão profundamente com a metodologia e em como fazer as coisas. O engenheiro trata cada desafio como se fosse passível de ser resolvido por meio de uma solução lógica. O sonho de um engenheiro é ser largado em uma selva com um machado e uma pá e instruído a criar uma pista em que um avião possa pousar no prazo de dois meses. Essa é a idéia de êxtase para o engenheiro.

Se você puder, apenas por um momento, imagine-se como um engenheiro. O que você supõe que ele acredita ser o mais importante? A utilidade é o que importa para um engenheiro. O engenheiro quer saber como as coisas funcionam. Foi um engenheiro quem primeiro perguntou *Como?* O engenheiro fala a linguagem da instalação, da implementação, da medição, das ferramentas e dos marcos. Ser um engenheiro é apaixonar-se pelas ferramentas. Ser um engenheiro zen é tornar-se ferramenta.

Para o resto do mundo, um problema é algo a ser superado; para o engenheiro, um problema concreto, mecânico, eletrônico ou de projeto é o paraíso. O engenheiro resolve problemas como uma forma de relaxamento. Seu domicílio preferido é a oficina. A forma de arte do engenheiro é a planta. Ela simboliza um compromisso com o que é concreto. (Um dos cursos básicos na formação de engenheiros é chamado de "Resistência dos Materiais".) Ele representa uma forma de adoração ou fé na resistência do mundo material.

Se alguma vez você estiver com raiva de um engenheiro, discuta filosofia com ele. Leve-o a um concerto ou a um museu e depois fique horas conversando sobre seus sentimentos e experiências. A engenharia não tem nada a ver com o mundo dos relacionamentos, emoções ou abstrações. Os relacionamentos, para um engenheiro, são algo para se agüentar e, na melhor das hipóteses, meios para um fim. A base de sua estratégia de mudança é a crença na objetividade. Esse é um desejo gêmeo do desejo de estar certo e também de contornar o que é pessoal e emocional. As coisas pessoais não são nada confiáveis, muito sujeitas ao capricho e à ilusão. São a causa da variabilidade e de tudo que está fora de controle. Não estou dizendo que os engenheiros são impessoais ou sem emoções, apenas que as emoções não são um território que eles desejam adentrar. E isso não é o que queremos deles.

A engenharia enfoca o mundo material e nos ensina a construir um mundo que pode agüentar com segurança o peso de tudo que possa estar sobre ele. Pergunte aos engenheiros o que é estresse e eles não saberão que você está falando de seu estado emocional. Eles se perguntarão como projetar e construir algo que sustentará com segurança o dobro da maior carga possível. Os engenheiros odeiam riscos e os tratam como perigos, não como oportunidades. E devemos ser gratos por isso.

Os engenheiros somos nós

O engenheiro vive em cada um de nós. Não é uma função, nem algo que aprendemos na faculdade. É um arquétipo, uma maneira de pensar o mundo. Os engenheiros construíram o mundo no qual vivemos e, por isso, eles vivem dentro de nós. O sistema de crenças que abrange o mundo prático e material compreende todos os valores pessoais profundos que caracterizam cada um de nós; o engenheiro simplesmente representa uma maneira particular de agir de acordo com eles.

Há obviamente muita coisa que recomenda o campo da engenharia e os engenheiros. Na verdade, eu estudei engenharia e por isso tenho uma afeição especial por esse mundo. Infelizmente, estudei engenharia pelos motivos errados. Quando entrei na faculdade, havia uma escassez de engenheiros, então minha família e meu orientador pedagógico sugeriram que esse seria um campo que me garantiria emprego constante. Parecia bom para mim. A engenharia também oferecia uma fuga do mundo caótico dos sentimentos e relacionamentos. Eu precisava de um mundo dominado pela racionalidade e estabilidade. Segui em frente na estrada instrumental e, na verdade, até gostei dela, até que fui desviado por um sentimento.

Não há dúvida de que uma estratégia de engenharia é indispensável para nossas vidas. Dependemos do engenheiro para construir o mundo e fazer com que ele funcione bem e de maneira segura. Dessa forma, o engenheiro é aceito como uma imagem positiva e poderosa em nossa sociedade e em nossas instituições.

O gerente-engenheiro

Muitas de nossas idéias sobre gerenciamento são uma extensão do ponto de vista da engenharia. Assim como a engenharia, o gerenciamento diz respeito ao controle e à previsibilidade. Se você acusar um engenheiro de estar descontrolado, essa é uma acusação grave, e o mesmo vale para um gerente. Nós esperamos que bons gerentes saibam o que está acontecendo, que estejam no comando de todos os projetos. Houve uma época, quando eu trabalhava para a Exxon, em que se dizia que os gerentes deveriam ser capazes de responder a 90% das perguntas que lhes fossem feitas sem precisar pedir uma atualização para ninguém. Os gerentes detestam surpresas. O mantra da gerência é: "Faça o que achar melhor, mas não me surpreenda". Há uma desvantagem no mundo sem surpresas: ele torna mais difícil o cultivo da descoberta, do aprendizado e do risco.

Gerenciamento de mudança, para um "engenheiro que virou gerente", inclui metas claras, práticas consistentes, resultados previsíveis e medidas precisas. Isso exige um objetivo claro, uma definição concreta do processo e um sistema de monitoração confiável. Importa menos saber qual é o plano, se tem um significado maior ou, em última instância, se vale a pena realizá-lo. Tudo o que eles precisam é de um plano e saber como medir o que fazem. A crença central do gerente-engenheiro é que, se não é possível medir algo, ou isso não deve ser realizado ou não existe.

A ótica do engenheiro

Aqui estão alguns destaques do arquétipo do engenheiro para alcançar mudanças e agir de acordo com o que importa:

1. **A liderança articula um objetivo claro.** Claro significa que tem a ver com o mundo material. Melhor ainda quando apoiado pelas pessoas que detêm o poder, pois a cadeia de comando coloca a ordem necessária nas excentricidades do sistema humano e social.
2. **Defina claramente papéis e responsabilidades.** O engenheiro gosta de limites claros e quer que os limites da propriedade de cada um sejam demarcados por uma cerca. Cada cargo deve ser bem definido e distinguido dos demais. Um mundo interdisciplinar é frustrante para o engenheiro. Seu modo de abordar a colaboração é preparar cuidadosamente a seqüência de envolvimento de cada pessoa.
3. **Descreva o comportamento que você quer.** Tenha um modelo de competência bem definido para cada função. Defina o novo comportamento e treine as pessoas dentro dessas definições. Cada evento de treinamento precisa ter um resultado claro e deve ser capaz de dizer aos participantes exatamente com quais novas ferramentas eles sairão.
4. **Avalie com freqüência e dê um bom feedback.** Os engenheiros inventaram a idéia de mecanismos de feedback e gostam de aplicá-los a pessoas e a processos. A avaliação de desempenho é uma ferramenta razoável para os engenheiros e eles não vêem razão para questioná-la. O engenheiro é comprometido com a eliminação de problemas e, no que tange às pessoas, enfoca os pontos fracos e sua eliminação. Se queremos melhorar a qualidade, precisamos de ferramentas melhores, baseadas na estatística.

5. **Controle o lado emocional do trabalho.** Uma das primeiras lições para quem quer se tornar um gerente é não ser muito pessoal. "Isso não é pessoal, isso é negócio." Durante muitos anos houve uma crença amplamente difundida de que é um erro os gerentes serem muito próximos das pessoas que administram. Se desenvolvemos relacionamentos próximos, podemos perder nossa objetividade, e isso pode obscurecer nosso julgamento. Mantemos distância para podermos agir naquele possível momento futuro em que tivermos de repreender ou despedir alguém. Se nos tornamos amigos, tememos não ser capazes de cumprir esse dever. Por isso, ficamos distantes e isolados.
6. **Pense nos funcionários como mais um ativo.** A perspectiva do engenheiro transforma seres humanos em ativos e recursos humanos. Gerentes administram muitos ativos e recursos – dinheiro, tecnologia, animais, minerais e vegetais –, e agora incluímos as pessoas como parte desse inventário. E, caso a questão não esteja clara o suficiente, também falamos das pessoas como ETIs, ou equivalentes de tempo integral. Quantos ETIs trabalham naquele departamento? As pessoas ingressaram no mundo virtual e não são mais a coisa real; agora elas são equivalentes.

As limitações da engenharia

Há um preço para tudo, inclusive para a visão de mundo do engenheiro. Se acreditamos que algo não existe a não ser que possamos medi-lo, então certas coisas devem ser postas de lado: amor, sentimento, intuição, arte, filosofia. O engenheiro em nós se deixa aprisionar pelo sentimento de que somos apenas engenheiros. Quando você abre caminhos no mundo como uma pessoa de prática e de razão, é difícil colocar a lógica de lado em nome do amor, do sentimento e de fazer algo apenas pela experiência, e não por sua utilidade.

Isso é uma caracterização do engenheiro como arquétipo cultural, não do indivíduo engenheiro que você pode conhecer. É o arquétipo do engenheiro que tem guiado nossa paixão pelo que funciona. Quando queremos mudar ou melhorar nosso mundo, ele nos leva a estratégias de controle e instalação e é indiferente a quaisquer discussões sobre a experiência subjetiva. Nós adotamos a índole do engenheiro e o trouxemos para todos os aspectos de nossas vidas, especialmente para nossas instituições. Dessa forma, a mente do engenheiro é a chave para nosso materialismo. Ele não cria o materialismo, mas reforça-o por meio da valorização de tudo que é prático e útil, e isso é exatamente o que importa para um engenheiro.

O arquétipo do economista

O aliado do engenheiro é o economista, pois a engenharia justifica seu jeito de raciocinar em termos de custo, assim como de segurança, controle e previsibilidade. Na verdade, deveríamos ver o engenheiro e o economista como uma dupla que junta forças para aplicar os valores da instrumentalização. Enquanto o engenheiro instala e mede a mudança, o economista a negocia com base na troca de moeda. A moeda pode ser dinheiro ou bens materiais; ela também pode compreender valores intangíveis, tais como reconhecimento, afeição e segurança.

Para nossas instituições, o economista cria um mundo no qual o propósito único de uma empresa é dar lucro para seus acionistas. Tudo deve ser justificado em termos de seu retorno econômico. Quanto custa? Quanto tempo vai levar? O que conseguiremos com isso? Essas são as perguntas definidoras. O economista é o cientista social que cria comércio e projeta modelos financeiros para tudo: um indivíduo, um negócio ou a economia nacional. A aptidão do economista para a construção de modelos nos é de grande utilidade, assim como a capacidade de construção material do engenheiro. O que nos interessa aqui é a visão que o economista tem do ser humano. É nessa área que seus *insights* foram transportados para muito além da esfera de ação da pura economia.

A essência da postura do economista frente às pessoas é que a troca de valores tangíveis explica a motivação humana e define o propósito organizacional. É a crença de que a barganha é o meio pelo qual conseguimos que as coisas sejam feitas, realizamos um serviço e, até mesmo, encontramos o amor. No nível mais simples, o economista acredita que todos nós estamos à venda ou para alugar, pois essa é a dinâmica do intercâmbio de interesses pessoais.

Se você quer agir de acordo com o que importa, diz o economista, descubra os interesses dos envolvidos e crie um plano para satisfazê-los. O economista acredita que dinheiro, recompensas tangíveis ou outros incentivos nos levam a fazer o que fazemos. Minha disposição de mudar meu comportamento, apoiar uma instituição ou envolver-me em um relacionamento é, basicamente, uma negociação entre o que me pediram para dar e o que acho que posso conseguir. E estou disposto a colocar praticamente tudo na mesa de negociação se a oferta for suficientemente atraente. E se não houver nada na mesa, nem dinheiro, nem outra moeda, por que eu me sentaria a ela, para começo de conversa?

É significativo que, dentre os cientistas sociais, os economistas têm, consistentemente, a mais baixa colocação em qualquer medida de altruísmo e cooperação social, e a mais alta na defesa de interesses pessoais míopes e na disposição de pegar carona nos compromissos de outras pessoas (Frank, Gilovich e Regan, 1993). A forma como os economistas administram seus assuntos pessoais é de pouco interesse aqui. O que nos interessa é que nossa cultura tem, em geral, adotado a visão do economista sobre a motivação humana. Usamos um modelo econômico para explicar por que as pessoas fazem as coisas. Definimos as organizações com fins lucrativos como entidades primariamente econômicas, e qualquer atividade que não ofereça um retorno certo do investimento passa por um exame detalhado. Também vemos os relacionamentos sob a ótica das transações e da troca. Atos de pura caridade e boa vontade são vistos com ceticismo, e o economista acredita que o bom samaritano original provavelmente queria algo em troca. Talvez não dinheiro, mas ele ficou bastante famoso.

A ótica do economista

A visão do economista sobre agir de acordo com o que importa ou sobre iniciar a mudança é centrada nos incentivos:

1. **Mude o foco do sistema de recompensa.** Comece recompensando as pessoas pelo novo comportamento desejado. Convide o engenheiro para ordenar os comportamentos que você quer e depois ofereça dinheiro por eles. Isso conduzirá à mudança, pois o que está sendo recompensado é o comportamento que você obtém. As pessoas só farão aquilo pelo que forem recompensadas. E, inversamente, as pessoas não farão o que não for recompensado. Isso nos leva a mudar o sistema de recompensas logo e com freqüência. Também nos induz a tratar o sistema de recompensas como se ele fosse importante e vital. O sistema afirma a crença de que dar prioridade aos interesses pessoais faz parte da natureza do ser humano.
2. **A competição é essencial para o sucesso.** Sejam estudantes, trabalhadores, empresas ou economias nacionais, apenas os fortes deveriam sobreviver. Essa noção é uma distorção das idéias de Darwin, que descobriu que as criaturas mais adaptáveis sobrevivem, não as mais fortes nem as mais agressivas.

Nossa fé na competição nos leva a oferecer grandes recompensas para aqueles com melhor desempenho e nenhuma recompensa para os que têm baixo desempenho. O economista acredita que as pessoas que alcançam o topo devem receber a parte do leão do lucro. Isso algumas vezes se expressa pela regra de que 20% das pessoas fazem 80% do trabalho. O economista aposta na contribuição criativa e empreendedora de um pequeno grupo de pessoas que vai liderar e dirigir a maioria das demais. A mentalidade econômica valoriza o capital de risco. As maiores recompensas vão para aqueles que colocam seu dinheiro na reta (investidores), enquanto recompensas secundárias vão para aqueles que não têm nenhum capital investido e que "apenas" fazem o trabalho (assalariados). O resultado é fazer do lucro do acionista a meta principal.

3. **A barganha é uma importante base para a motivação e a ação.** Outra maneira de dizer isso é que o mercado é o árbitro final do valor. O que está em demanda, e o valor atribuído a ela, é estabelecido pelos clientes que votam com seu dinheiro. Essa visão nos leva a estar centrados nos clientes. Ela dirige nossos esforços para onde há demanda e nos diz que aceitar ser dirigido pelos outros é um sinal de maturidade e realismo. Ela valoriza a orientação de fora para dentro. Questiona as ações que são feitas apenas por fazer e os investimentos em causas perdidas. Enquadra nossas ações, até mesmo nosso amor, como uma troca recíproca de valores. O economista nunca seria vítima do amor não correspondido. Isso seria considerado um erro estratégico.

4. **Aplique uma análise de custo-benefício para qualquer ação.** Qualquer ação precisa se justificar por seu potencial, que é o impacto que tem quando dividida por seus custos. As decisões a respeito de valores humanos caem nessa categoria. Nós decidimos os níveis de segurança e de serviço baseados, em parte, na sua estrutura de custo. A filantropia institucional transforma-se em estratégia de marketing; o desenvolvimento da comunidade, uma decisão imobiliária; o desenvolvimento do funcionário, uma decisão de negócios baseada em retornos financeiros demonstráveis.

5. **Cresça ou morra.** O tamanho importa. Quanto maior, melhor. Isso é chamado de progresso. E nos leva à pergunta: "Como colocar isso em escala?" Se algo não pode ser repetido em grande escala, perguntamos se vale a pena fazê-lo. Isso coloca o fardo da medição nas costas da paixão e do desejo. Isso também nos desencoraja a conduzir experimentos locais que não possam ser aplicados em outros lugares. O ato de introduzir a escala em nosso raciocínio impossibilita muitas coisas que poderíamos escolher fazer apenas por fazer.

Essas estratégias são o cerne do arquétipo do economista. São elementos do modo pelo qual o economista pensa a mudança. Se você não acredita em competição, recompensas, crescimento, potencial e barganhas, você é ingênuo e está fora de contato com o mundo real. O argumento final do economista contra ir atrás de significado, liberdade e valores pessoais é que devemos "cair na real". Eles encurralaram o mercado para definir o que é real e nos convenceram que a realidade é instrumental.

O gerente-economista

Gerenciar, de acordo com o arquétipo do economista, é um exercício de controle de orçamento, e essa é a base do poder. Os gerentes de alto nível precisam ter habilidades financeiras. Eles atuam como banqueiros, nos responsabilizando pelas promessas financeiras que fazemos. "Quanto tempo levará?" e "Quanto custará?" são as perguntas centrais do economista-gerente. Não é por acaso que algumas de nossas publicações mais bem-sucedidas são chamadas de *Fortune, Time* e, recentemente, *Fast Company*. Nem é por acaso que revistas como *Life* e *Look* virtualmente desapareceram. As perguntas do economista são importantes, mas elas nos limitam quando se tornam as perguntas primárias. Nos últimos anos, com exceção das companhias de alta tecnologia, a maioria das organizações tem aumentado sua lucratividade por meio do controle de custos. Quando o custo e o tempo são as primeiras perguntas, em vez de apenas perguntas importantes, eles criam uma cultura de repressão, na qual o futuro é muito parecido com o passado, apenas mais eficiente. Em vez de criar o futuro, o economista, ao lado do engenheiro, concentra-se em prevê-lo e controlá-lo.

Os "economistas como gerentes" têm um grande impacto sobre os recursos humanos. Localizar e manter as melhores pessoas são atividades pensadas como uma transação financeira, um problema de determinação de preço. Usamos bônus de contratação, planos de incentivo e bônus de retenção como estratégias vitais de recursos humanos. A crença de que as pessoas estão à venda ou para alugar cria um círculo vicioso, no qual quanto mais incentivos econômicos damos, mais elas se sentem merecedoras deles. Essa mentalidade espalhou-se para o setor público, no qual tentamos dar incentivos financeiros aos administradores educacionais para aumentar o aprendizado do aluno.

O impacto do "economista como gerente" é que as relações entre as organizações e seus membros passam a ser cada vez mais comerciais. Funcionários transformam-se em free-lancers ou vendedores, procurando o lance mais alto. Empregadores tornam-se compradores, examinando o mercado à procura de fornecedores independentes, antes chamados de empregados, para cumprir exigências de curto prazo, ao mesmo tempo em que oferecem o mínimo possível de compromisso por parte da organização. Isso ocorre em nome da agilidade, dos mercados em transformação, das habilidades obsoletas e de tudo que é necessário para competir na era da informação.

O custo

O modelo econômico da pessoa tornou-se tão impregnado que o economista em nós trilha o caminho instrumental sem realmente questioná-lo. Esperamos que todos ajam em função de interesse pessoal. Nós nos tornamos cínicos em relação a nossas instituições e, portanto, em relação a nós mesmos. Formandos de administração concentram-se em estratégias de saída assim que entram no local de trabalho. O problema da mentalidade do economista não é tanto que esteja errada, é que ela é estreita. É essa visão limitada do que é possível que coloca em questão o potencial do chamado, do compromisso, do cuidado, da paixão e todos os valores que se derivam do idealismo, da intimidade e da profundidade.

O arquétipo do artista

O artista foi concebido para se concentrar nos assuntos do coração e vem ao mundo como contraponto para o engenheiro e o economista. Estou usando o termo *artista* no sentido amplo – não quero dizer os apenas artistas tradicionais, como escritores, músicos, dançarinos, atores e pintores. Quero abranger todas as pessoas que passam seus dias em um mundo de sentimentos, intuição e de disciplinas "mais suaves": cientistas sociais, filósofos, terapeutas, assistentes sociais, educadores, conselheiros espirituais. Essas são as vocações do arquétipo do artista.

A visão de mundo do artista vai da indiferença ao desprezo pela utilidade e pelo que é prático. O artista não quer realmente se responsabilizar pelo uso ou pelo valor do que cria. O artista pode apaixonar-se por uma grande idéia e encontrar significado na abstração de uma emoção. O artista deixa-se atrair por algumas coisas simplesmente por não serem mensuráveis ou previsíveis. O artista não apenas recusa-se a buscar a ordem, mas tem medo dela. Assim como o engenheiro fica com falta de ar em meio ao caos, o artista entra em pânico em meio à ordem.

A essência do artista é a capacidade de dar significado e profundidade universal a objetos cotidianos. O que consideramos comum, o artista vê com novos olhos. Cezanne nos mostrou que uma tigela de frutas é digna da mais detalhada atenção e que, dentro da tigela de frutas, estavam contidos a paisagem, a forma e o sombreado de todos os objetos materiais. Sua pintura declara que nossos sentimentos e nossa percepção – nossas impressões dela – são uma afirmação da realidade tão precisa e válida quanto a própria tigela de frutas. Por isso, chamamos sua arte de *impressionismo*. Afirmando um mundo emocional que o engenheiro pode considerar irracional ou até bizarro, o artista trata a intuição e as nuanças com respeito e nos lembra que existe um pouco de loucura em cada um de nós. Os artistas dão voz aos sentimentos, ao conflito, ao prisma da experiência humana. Eles enobrecem a incerteza e o paradoxo e, em vez de considerá-los problemas, eles os vêem como inerentes à condição humana.

A ótica do artista

A busca do artista pelo que importa centra-se no sentimento e na vivência:

1. **Os artistas adoram a surpresa e, na verdade, a chamam de criatividade.** Quando algo não funciona, eles acham isso interessante, como acontece com os cientistas. Os artistas adoram o que é único e esperam que suas criações jamais sejam copiadas. O artista vê a previsibilidade como uma limitação e sente-se aprisionado quando o mundo pede repetição.
2. **Os artistas cultivam a emoção e fazem dela o objeto de seu estudo.** Os artistas trabalham entendendo o que é pessoal e emocional. A variabilidade e as nuanças da vida são as premissas da existência de um artista. Um engenheiro vê um campo e quer fazer algo útil com ele; o artista vê uma folha de grama e chora por sua beleza e mortalidade.
3. **O artista coloca-se permanentemente na posição de observador externo (*outsider*).** O pintor e o cientista social contam com sua capacidade de observação e depois traduzem essa observação em imagens ou palavras. Assim, eles ficam à distância para ter uma visão melhor. Por isso, é difícil para um artista fazer parte de uma organização e suportar ser supervisionado. As organizações tratam de esforço conjunto e cooperativo. A gerência valoriza o trabalho

em equipe; enfatiza as regras de afiliação, a disposição de sacrificar as necessidades individuais em nome do bem comum. Na mente do gerente, lealdade é uma coisa muito importante. O artista percebe isso e mantém distância.

4. **O artista encara o comércio com suspeição.** Enquanto o economista vê o comércio como vital, o artista apenas suporta o processo de determinação do preço, o marketing e a comercialização. O comércio é estritamente um meio para um fim, não um propósito em si mesmo. Os artistas procuram a ajuda de outras pessoas para entender e explorar o mercado. Se eles conquistam muito sucesso cedo demais, sentem que algo está errado e que precisam começar de novo.

Dessa forma, a estratégia do artista para agir de acordo com o que importa baseia-se na crença de que, se algo pode ser claramente retratado, nitidamente descrito e mostrado ao mundo, que espera, muito já foi feito. A transformação na mente do artista vem de entender e interpretar o cenário emocional, não de evitá-lo. A instalação, uma palavra-chave para o engenheiro, significa, para o artista, o processo de pendurar quadros em uma galeria. O artista como cientista social acredita que a consciência leva à mudança, não a um prêmio de consolação, ao contrário de James Hillman, que foi co-autor de *We've Had a Hundred Years of Psychotherapy – and the World's Getting Worse*[1]. O artista relembraria esses cem anos e exclamaria: "Que grande viagem!" A estratégia de mudança do artista é, perceptivelmente, carente de cronogramas, parâmetros e controles de custos e isso por planejamento, não por indiferença.

O gerente-artista

É interessante testemunhar o que acontece quando um artista cria uma organização ou passa a fazer parte de uma. O que temos é alguém que não gosta de autoridade, que está cansado da liderança e de qualquer um que tente exercê-la. Um dos meus primeiros clientes era o pessoal de uma clínica de saúde mental. Observá-los agonizar e reclamar de chefes, subordinados e uns dos outros me fazia imaginar se eles estavam no negócio de curar a loucura ou de criá-la. Eu me identifiquei, em especial, com os gerentes dos terapeutas, pois eles eram as pessoas que mais viam o poder e a autoridade como a raiz de todo sofrimento

1 Em tradução literal, "Completamos Cem Anos de Psicoterapia — e o Mundo Está Cada Vez Pior". (N. do T.)

humano – e eles tinham o poder. Eles eram ambivalentes, incongruentes, mais cínicos do que seus subordinados e se sentiam, em geral, bem miseráveis. Eles queriam ser a flor mas tinham que ser a raiz.

As pessoas que são ambivalentes em relação ao poder têm dificuldades em exercê-lo. Alguns são tiranos gentis e íntimos, enquanto outros não tomarão decisões por medo de magoar alguém. O que redime os artistas no poder é que eles adoram o drama. A maioria das organizações compostas por artistas, cientistas sociais ou acadêmicos é um pesadelo político. O único momento em que entram em acordo é quando alguém tenta trazer solução e ordem para o cenário – eles o fuzilam. Os artistas adotam a patologia social como fonte de sua criatividade; por isso, as instituições disfuncionais são um prato cheio para eles. Se você não acredita nisso, mostre-me uma entidade de assistência social que tenha funcionários satisfeitos e bem administrados ou uma cooperativa de artistas que tenha feito uma boa decisão de negócios e eu lhe mandarei um dólar. É claro que, se você procurar e não achar nenhuma, você me deve um dólar.

Por todas essas razões e outras ainda, a cultura moderna preferiu os arquétipos do engenheiro e do economista ao do artista. Se algum dia houve uma disputa entre o engenheiro-economista e o artista, a disputa já acabou. O engenheiro-economista ganhou. Mesmo no mundo das organizações sem fins lucrativos, incluindo o governo, a saúde e a educação.

Por uma união mais perfeita

Se o portal para agir de acordo com o que importa é feito de idealismo, intimidade e profundidade, e da liberdade que os acompanha, então temos de exigir isso tanto do artista quanto do engenheiro e do economista. Se perdermos o artista, perderemos a força para a reflexão, a dúvida, a surpresa e a descoberta que fomentará o que importa, ainda que à custa do que funciona. Se decidirmos, como precisamos, agir repetidamente de acordo com o que mais nos importa, teremos de carregar o mesmo fardo que o artista carrega. Assim como o artista é marginalizado pela cultura instrumentalizada, o engenheiro e o economista seriam marginalizados por uma cultura dominada pelo artista.

A tensão entre o engenheiro e o artista é uma das razões pelas quais o desenvolvimento pessoal de um indivíduo raramente leva a uma mudança organizacional. O desenvolvimento pessoal tem a ver com liberdade, intimidade, profundidade e engajamento, e, ainda que nós os abracemos, quando retornamos ao mercado, colidimos com os arquétipos do engenheiro e do economista, cuja base para a ação é bem diferente. E é o sistema de crenças da engenharia que está no controle. Não é que não existam exceções, pois elas existem, e seu local de trabalho pode ser uma delas. Mas perceber claramente o dilema engenheiro-artista gera em nós um respeito pelo drama maior que está sendo representado. E lembre-se: o que acontece em nossa cultura é uma projeção do que acontece em nossos próprios corações.

Isso também nos mostra uma forma de entender por que nossos esforços de mudança organizacional geram tanta resistência. A maioria deles é projetada exclusivamente com mentalidade de engenheiro-economista. Nós arquitetamos uma declaração de visão que venha do topo, estabelecemos metas e objetivos claros, instalamos e conduzimos as mudanças, adaptamos o sistema de avaliação, envolvemos e recompensamos as pessoas que apóiam a mudança. Essas são ferramentas legítimas da engenharia e da economia, mas elas não contêm alguns dos conceitos instintivos do artista a respeito do aprendizado, da mudança e da transformação. O engenheiro precisa do artista para trazer escolha, sentimento, singularidade e paixão para o processo de introduzir mudanças em um sistema vivo.

O arquétipo do arquiteto

Depois de ter colocado em pólos opostos os arquétipos do engenheiro-economista e do artista, eu gostaria de sugerir uma imagem que integra os dois mundos: o arquiteto. Os arquitetos aprendem tanto sobre a resistência dos materiais quanto sobre a forma que eles devem ter para ser esteticamente atraentes. O arquiteto em nós preocupa-se tanto com a beleza das coisas quanto com suas propriedades práticas e em como fazê-las funcionar. O arquiteto não se dá ao luxo do engenheiro de concentrar-se quase exclusivamente na construção prática do mundo físico. Nem pode se dar ao luxo do artista de concentrar-se exclusivamente na forma e nos aspectos subjetivos do mundo. A arquitetura harmoniza a estética e a utilidade, mesmo que de forma relutante.

A meta do arquiteto é começar pela pergunta do engenheiro: qual a função ou uso que isso terá? O projeto de uma casa, um escritório, um espaço público ou um prédio começa com uma discussão sobre sua utilidade. Considerado isso, as perguntas passam a enfocar os sentimentos, a ambientação, os gostos e valores pessoais. Essas características tornarão o lugar habitável para seus ocupantes. Se criamos um mundo onde não queremos morar, talvez tenha faltado um artista em seu projeto e construção. A estratégia do arquiteto é reconciliar o engenheiro e o artista. O cronograma, a praticidade e o uso simplificado do espaço são essenciais para o arquiteto. O custo também é crítico. Mas esses não são os únicos pontos, e é aqui que o arquiteto incorpora o artista. O arquiteto preocupa-se da mesma forma com os ângulos de visão e com a perspectiva do futuro ocupante. A sensação de um lugar é parte da linguagem do design. A maneira pela qual o prédio se ajusta a seu ambiente é outra consideração primária. A cor, a textura, a luz e outros aspectos do relacionamento íntimo entre as pessoas e o habitat são tratados com a mesma importância.

Christopher Alexander

Uma pessoa que encarna a integração da estrutura com as vivências de seus habitantes é o arquiteto Christopher Alexander. Em seu trabalho, a liberdade e o cuidado com o que anima nossa experiência são elementos essenciais na construção de um prédio. Ele é autor de uma série de livros que cria uma nova linguagem – ele a chama de a *língua dos padrões* – projetada para dar vida às estruturas. Se você quer entender as possibilidades de integração da arte, da engenharia e da economia, leia qualquer um de seus livros. Em *A Timeless Way of Building*, sua preocupação com a construção reflete nossas preocupações com as instituições:

> *"Os padrões específicos através dos quais um prédio ou uma cidade é construída podem ser vivos ou mortos. Se forem vivos, eles liberam nossas forças interiores e nos libertam; mas quando estão mortos, nos aprisionam em um conflito interno. Quanto mais padrões vivos há em um lugar – uma sala, um prédio ou uma cidade —, mais ele desabrocha em sua inteireza, mais ele brilha, mais ele tem daquela chama eterna que é a qualidade sem nome."* (p. x)

O que Alexander chama de "nome" ecoa nossa preocupação com o que importa – o sentido de valor e propósito que trazemos para tudo que tocamos, que define o que vale a pena fazer. Sua voz é a voz de um arquiteto, de alguém que se preocupa com a construção do mundo material. Em seus livros, ele comprometeu-se com a criação de uma nova linguagem para sua profissão. Ele tem todo o treinamento de um engenheiro e agregou a ele toda a sensibilidade de um artista. Ele tem as qualidades de todo grande arquiteto, mas o que é mais significativo é que ele também deu sua energia para transformar sua profissão. Isso é possível para todos nós: para agir de acordo com o que importa, é necessário que encontremos nossa voz peculiar e a usemos para convocar vida para nossa unidade, para o trabalho, para a instituição em que habitamos.

O que torna Alexander uma encarnação atraente da integração engenheiro-economista-artista é que ele:

1. Preocupa-se profundamente com as vivências dos habitantes de uma estrutura, desde o primeiro momento do projeto. Por exemplo, em projetos de moradia popular, que na maioria das cidades são sinônimo de feiúra ou gueto, ele envolve os ocupantes no projeto e na construção de suas próprias casas.
2. Julga que as propriedades que concedem vida e espírito a um prédio são suas características mais importantes. Ele declara que as sensações e a harmonia que são experimentadas em uma sala, um edifício ou bairro são o critério principal do design. A eficiência, a produtividade em massa e a simplicidade da construção são preocupações secundárias.
3. Reconhece que um prédio continua a se desenvolver por um longo período depois de construído. Ele não tenta projetar monumentos à imortalidade. Até mesmo uma sala conta com imperfeições, curvas, alterações nas linhas da porta e do teto. A imperfeição e a deterioração são sinais de vida, não de fraqueza na engenharia. Ele luta para encontrar o que chama de "qualidade sem nome", que, para alguns, é a experiência de Deus.
4. Ele criou a "língua dos padrões", que descreve a qualidade de um espaço, não apenas seu uso ou suas dimensões. Essa linguagem detalha a combinação de elementos necessários para levar harmonia àquele espaço. Quando Alexander escrevia sobre como alguns espaços nos deixam com uma sensação de conflito interno porque são construídos com elementos não resolvidos, elementos que não funcionam juntos para criar segurança interior, ele poderia estar escrevendo sobre nossas instituições.

5. E ele faz isso tudo dentro do contexto da construção de um mundo físico de salas, prédios, bairros e comunidades. Ele coloca seus valores, o que mais importa para ele, diretamente no mundo instrumental.

Aqui está uma citação de outro livro de Alexander, *A Pattern Language*, que nos dá uma idéia de como um arquiteto pode representar a comunhão entre o engenheiro e o artista. Ele está discutindo os elementos satisfatórios do projeto, que ele chama de padrões:

> *"... nenhum padrão é uma entidade isolada. Cada padrão pode existir no mundo apenas na medida em que for suportado por outros padrões: os padrões maiores nos quais ele está encaixado, os padrões de mesmo tamanho que o rodeiam e os padrões menores que estão encaixados nele. Esse é um modo fundamental de ver o mundo. Segundo esse princípio, quando você constrói algo, não pode simplesmente construir essa coisa isoladamente, mas precisa também consertar o mundo à sua volta e dentro dela, de tal forma que o mundo no sentido mais amplo e naquele lugar torne-se mais coerente e mais íntegro; e a coisa que você fez toma seu lugar na teia da natureza, à medida que você a faz."* (p. xiii)

▼

Esses arquétipos fornecem imagens que nos dão um *insight* a respeito do modo de pensar que herdamos e, conseqüentemente, do que nos compele a agir da forma que agimos. Com referência ao aprofundamento de nossa consciência, um amigo e terapeuta, David Eaton, fala da necessidade de "imagens de salvação" – coisas que precisamos ter em mente nos momentos de confusão e dúvida. Para finalizar o quadro da importância que esses arquétipos têm em nossos esforços coletivos para agir de acordo com o que importa, eu quero propor a imagem do arquiteto social. O arquiteto social expande a capacidade integradora do arquiteto para o mundo do esforço cooperativo: nossas instituições.

14

arquiteto

o papel do arquiteto social. O trabalho necessário para agir de acordo com o que importa depende de cada um de nós como indivíduos. Mas, à medida que fazemos esse trabalho dentro de nós mesmos, precisamos também levá-lo para o mundo. Minha possibilidade individual também precisa ser parte de uma possibilidade coletiva. Uma forma de pensar esse aspecto coletivo é por meio do conceito de arquitetura social. Se pudermos trazer a filosofia da arquitetura de Christopher Alexander para o projeto e criação de uma organização, de um sistema social, poderemos conceituar o papel do arquiteto social. Ele é alguém que está equipado para agir de acordo com a estética, com os valores ou com a intuição de uma situação, como faz o artista, e também para agir de acordo com os aspectos materiais ou concretos da situação, como faz o economista-engenheiro. Acrescentar a palavra "social" ao título de "arquiteto" é uma forma de capitalizar a sensibilidade do arquiteto, como discutimos no capítulo anterior. Em vez de se preocupar tanto com tijolos, cimento, argamassa, vidro e aço, o arquiteto social também está preocupado com a forma como as pessoas se reúnem para fazer seu trabalho e para construir organizações nas quais elas queiram habitar.

A possibilidade coletiva

A tarefa do arquiteto social é projetar e dar vida a organizações que sirvam tanto ao mercado quanto à alma das pessoas que trabalham nelas. Enquanto o arquiteto projeta o espaço físico, o arquiteto social projeta o espaço social.

O termo *arquitetura social* já existe há algum tempo e normalmente denota uma especialidade dedicada a projetar políticas sociais para o setor público. Esse papel tem sido por vezes controverso, dependendo de sua política. Durante muitos anos que se seguiram à Grande Depressão, os arquitetos sociais investigaram o papel de ativista para que as políticas governamentais alcançassem metas sociais. Recentemente, o pêndulo oscilou e eles passaram a estudar maneiras de fomentar as iniciativas individuais e locais. Eu gostaria de colocar de lado a conotação política do termo e tomar emprestada a utilidade de sua intenção. A arquitetura social representa a interseção entre o cuidado (social) e a estrutura (arquitetura) e, dessa forma, torna-se parte do trabalho de todo mundo, especialmente de nossos líderes. Podemos até mesmo dizer que o papel do arquiteto social é criar organizações, negócios, governos e escolas voltadas para servir e que cumpram seus objetivos institucionais de forma a dar aos envolvidos espaço para agir de acordo com o que lhes importa.

A arquitetura social é uma resposta para a pergunta do que substitui o comando e o controle. É um papel para chefes *e* subordinados, não uma especialidade técnica. Falando do chefe por um momento: ele tem a responsabilidade de cumprir as promessas da organização para os interessados – os acionistas, os membros da diretoria, a comunidade, os clientes e os cidadãos. É dever legítimo do chefe falar em nome dos que investem na instituição e dos que são servidos por ela. O chefe também tem a obrigação de propor idéias a respeito do processo pelo qual a instituição cumpre suas promessas, e é aqui que o arquiteto social é necessário. É tarefa do arquiteto social fazer as mudanças necessárias acontecerem e, ao mesmo tempo, usar métodos que tenham por base os valores pessoais mais profundos dos membros da organização.

Combinando esse papel com as condições para agir de acordo com o que importa, o arquiteto adota três critérios em seus projetos:

1. O idealismo é encorajado?

2. A intimidade é possível?

3. Há espaço e demanda para a profundidade?

O processo funciona como se o engenheiro, o economista e o artista se reunissem e projetassem, em conjunto, um sistema social no qual as qualidades pessoais, íntimas e subjetivas da instituição fossem valorizadas, assim como os objetivos práticos, técnicos e econômicos.

A maioria dos gerentes quer apenas fazer isso, mas eles (nós) acham(os) difícil apoiar o idealismo e permitir que a intimidade e a profundidade entrem na equação. O fato de estarmos vivendo em um mundo dominado pelo engenheiro e pelo economista cria um viés a favor de mais controle do que liberdade, mais praticidade do que idealismo, mais barganha do que intimidade, e mais velocidade do que profundidade. A escolha de nós pensarmos como arquitetos sociais é assumir a postura do ativista – radical no pensamento, conservadora e atenciosa na ação.

Abrindo espaço para o que importa

Além de ser uma função de liderança, a arquitetura social é também o papel de cada membro como cidadão de sua instituição ou comunidade. Em outras palavras, o papel de todos nós. Para ser um cidadão é necessário comparecer – aceitar o convite para participar, ou criá-lo se ele não for feito, para agir como co-planejador. Em qualquer momento podemos escolher falar sobre o nosso idealismo, expressar nossos sentimentos, refletir e aprofundar nossos questionamentos. Agir de acordo com o que importa é um ato de liderança, não depende da liderança de outros. Assim, todas as capacidades do arquiteto social descritas abaixo estão abertas para cada um de nós. Elas representam uma maneira de agir de acordo com nossos valores, de perceber qual é a estratégia ou modelo que desejamos perseguir. Elas nos dão espaço e oportunidade, assim como para os outros, de co-criar e implementar uma estratégia. O projeto de trabalho do arquiteto social é unir as pessoas para que elas possam criar seu próprio futuro. Lembre-se de que os valores que nos importam são também características da sensação de estar vivo. Relembrando a lista anterior:

Amor
Liberdade
Compaixão
Fé em um Ser Supremo
Integridade
Igualdade
Colaboração
Justiça
Reconciliação
Criatividade
Preocupação com a Próxima Geração

A tarefa do arquiteto social é fornecer um contexto para o propósito ou estratégia da organização e depois envolver as pessoas de tal forma que esses valores sejam incorporados a seus corações. Podemos pensar que a tarefa de um líder é definir esses valores, mas isso seria necessário apenas se houvesse um conflito de valores, se os valores se opusessem. Quando assumidos em um nível suficientemente profundo e fiéis a um idealismo que acredita que o mundo é capaz de realizar suas intenções, nossos valores podem somente apoiar uns aos outros.

Quando agimos de acordo com o que importa, de acordo com nossos próprios valores, incentivamos os outros a fazer o mesmo. Como declarado anteriormente, quando achamos que precisamos discutir valores, nós os convertemos erroneamente em modelos ou estratégias. A tarefa do arquiteto social é abrir espaço para as pessoas agirem de acordo com o que lhes importa. Isso requer fé em valores comuns e interesse pelo bem comum. É só o economista que acredita que as pessoas apenas agirão por interesses pessoais, só o engenheiro acredita que existe apenas um caminho para o futuro e só o artista acha que o esforço conjunto e a estrutura são capazes de derrotar a vida. O que é necessário é simplesmente a vontade de agir como se *já* soubéssemos o suficiente para colocar o sonho em ação. E a crença de que isso é possível.

As capacidades exigidas

As capacidades do arquiteto social estão à nossa volta. Elas estão nas mãos dos consultores, facilitadores e especialistas em mudança social e aprendizagem. Quando essas capacidades estão disponíveis para cada um de nós, especialmente para os chefes, elas se tornam um meio não só para agirmos de acordo com o que importa, mas também para incentivarmos isso nos outros. Aqui estão algumas das capacidades essenciais para assumir esse papel:

1. Capacidade de congregar

A arquitetura social é, fundamentalmente, uma função de congregação, dando atenção particular a todos os aspectos que levam as pessoas a se reunirem. O futuro é criado como um ato coletivo. Qualquer um pode reunir os outros, embora a vantagem do chefe como arquiteto social é que ele tem um poder único de congregação. Quando um chefe convoca uma reunião, nós aparecemos. Quando um de nossos pares, um membro do staff ou um especialista convoca uma reunião, eles normalmente têm de nos vender a idéia de aparecer. É possível de ser feito, mas muito mais difícil.

Um arquiteto social projeta e arruma a sala, preocupa-se com a intenção, estrutura a interação e o diálogo, cuida para que as dúvidas se tornem públicas e concentra-se nas capacidades, não nas necessidades. Essas são as ferramentas de mudança social que apóiam a intimidade, a capacidade de sonhar, a liberdade e a profundidade.

O princípio fundamental da arquitetura social é que a maneira pela qual as pessoas se reúnem é crucial para a maneira como o sistema vai funcionar. A cultura de idealismo e intimidade não é criada pelas decisões que tomamos, mas pela qualidade do contato que fazemos. É por isso que o poder de congregação do chefe é o eixo da criação de um ambiente que sabe o que importa e age de acordo com isso.

O que se segue está estruturado como se fosse uma reunião, mas os princípios também se aplicam para uma estratégia mais ampla. Congregar é uma forma de atuar, não apenas de se reunir. Aqui estão alguns elementos-chave para congregar:

- **Concentre-se em quem está na sala.** Qual é a natureza do convite e quem precisa estar na sala? Essa pergunta pode ser a mais importante, porque é estando na sala que experimentamos a oportunidade de agir de acordo com o que importa. É claro que muitos não aparecerão, não importa quem tenha sido convidado. O maior desafio é imaginar um meio de garantir que todos estejam na sala quando o futuro estiver sendo decidido. Algo se transforma quando decidimos nos tornarmos inclusivos ao respondermos a essa pergunta, ainda que a resposta sempre seja imperfeita.

- **Preocupe-se com o espaço físico da sala na qual você faz a reunião.** Isso inclui as qualidades estéticas da sala. Há uma janela para nos lembrarmos da natureza? Há objetos de arte nas paredes que nos lembram que a sala foi feita para a ocupação humana? Tome cuidado ao arrumar as ferramentas e a mobília da sala. Torne-a propícia para discussões em pequenos grupos – pois eles são a base de toda mudança e desenvolvimento social –, os pares conversando e assumindo compromissos uns com os outros. Não confunda congregar com dar uma palestra. Escolha uma sala projetada para uma conversa animada, não uma feita para apresentações eficazes.

- **Inclua atividades de alta interação.** Elas serão uma forma de superar o isolamento e a passividade. Não podemos agir sozinhos de acordo com o que importa. As pessoas precisam saber quem mais está na sala. Precisam fazer contato antes de tratar do conteúdo. Nós estamos, com freqüência, preocupados demais com a pauta e com a apresentação, e costumamos negligenciar o poder da participação.

- **Aloque tempo suficiente para que todos possam ser ouvidos.** Tempo suficiente de discussão é particularmente importante para os mais preocupados e cheios de dúvidas. Quando as dúvidas são expressadas em público, o compromisso é possível. Lembre-se de que não é preciso responder a todas as dúvidas, apenas ouvi-las.

- **Concentre-se nas capacidades e nos pontos fortes.** Faça da discussão dos talentos das pessoas o centro da atenção. John McKnight observa que uma das belezas das organizações voluntárias é que elas sabem como tirar proveito dos dons das pessoas, enquanto o que ele chama de "sistemas" estão mais preocupados com as limitações das pessoas.

2. Definir a pergunta

O arquiteto social tem a obrigação de definir o contexto, ou campo de jogo, e, então, definir a pergunta certa, ao menos para começar. Escolher a pergunta é uma maneira de definir o debate. Um arquiteto estrutural precisa trabalhar dentro das exigências de uma comunidade e obedecer aos códigos de construção locais. Para um arquiteto social, as exigências incluem as necessidades dos banqueiros, dos clientes e de outros interessados na instituição. Enquanto enunciar esses requisitos é trabalho do líder, o arquiteto deixa abertos, para os ocupantes, ou cidadãos, os meios ou a forma de obedecer às exigências.

A tarefa crítica é encontrar a pergunta certa, uma que seja aberta o suficiente para envolver a todos de maneira pessoal e organizacional. Em vez de perguntar como conseguiremos cinco milhões de dólares para os custos de uma unidade, pergunte como nos colocamos nessa situação, para início de conversa. Pergunte como podemos aumentar a liberdade das pessoas para que melhores decisões econômicas sejam tomadas. Pergunte o que você, o chefe, ou você, o cidadão, está fazendo que aumenta os custos. Pergunte a que velocidade deveríamos estar crescendo. Quais são nossos limites para o crescimento? Pergunte por que estamos esgotando os recursos da comunidade em vez de mantê-los. Pergunte até mesmo: Qual é a pergunta certa? Pegue as seis perguntas *Sim* do Capítulo 2 e desenvolva a conversa a partir delas.

A pessoa que define o debate influencia o resultado. Muitos de nossos dias são gastos respondendo a perguntas específicas demais. O arquiteto social insiste em ampliar as perguntas, pois é isso que envolve as pessoas e abre espaço para o idealismo e a profundidade. Ficar nas questões de propósito, sentimentos e relacionamento é um meio de adiar as perguntas *Como?*, sabendo que as perguntas de metodologia não correm risco de desaparecer. Elas não precisam que as cultivemos, já que têm a cultura do lado delas.

3. Iniciar novas conversas para aprender

Para nos mantermos fiéis ao intento de apoiar o idealismo, a intimidade e a profundidade, precisamos de uma estratégia de aprendizagem que seja de alto contato e baseada no ser humano. A tecnologia pode apoiar os relacionamentos, mas não pode criá-los. Para manter a habitabilidade de um sistema social, precisamos iniciar novas conversas e gerenciar o tempo de discussão de forma que todas as vozes estejam engajadas umas com as outras. Isso pode parecer ineficiente, mas agir de acordo com os valores que importam leva tempo. Nós mudamos o mundo quando criamos o tempo e o espaço para conversas sinceras e únicas, que discutam valores e afirmem dúvidas, sentimentos e intuições.

4. Manter as estratégias de engajamento e consentimento

De modo implícito a tudo isso está a idéia de que o engajamento é a ferramenta de escolha para o planejamento; é como as mudanças sociais e culturais ocorrem. Para mudanças complexas, especialmente quando criamos um sistema que vai de encontro à cultura padrão, o próprio diálogo é parte da solução. Precisamos acreditar que a conversação é uma etapa da ação. Não é apenas um meio para um fim, mas um fim em si mesma. Se for para manter a intenção e a vontade de viver à margem da cultura, precisamos discutir as implicações disso. Se formos capazes de manter em nossas mentes a imagem do caminho do artista fundindo-se com o caminho do engenheiro, então o futuro será escolhido, não decretado. Compromisso e responsabilização não podem ser vendidos. Eles precisam ser invocados, e a invocação vem do diálogo. O arquiteto social torna-se, então, um gerente do engajamento: ele ajuda a decidir quem deve estar na sala nos vários estágios e quais perguntas eles devem enfrentar, e tudo isso enquanto se mantém a regra básica de que as perguntas de intenção e propósito devem preceder as perguntas de metodologia.

5. Projetar estratégias para apoiar a escolha local

Se nossa intenção é criar sistemas sociais que as pessoas queiram habitar, o trabalho do arquiteto social é exigir que os habitantes ajudem a projetar o sistema. No mínimo, os membros podem definir seus critérios para o lugar da residência. Isso não é necessário apenas para a construção inicial, mas também para cada vez que houver um aumento ou diminuição. É aconselhável o chefe sugerir alguns detalhes de como cumprir esses requisitos, mas um arquiteto nunca prosseguiria com a construção sem o aval dos habitantes. Alguns chamam isso de "projeto participativo". Pode levar mais tempo, mas a alternativa é ser eficiente ao escolher um plano que não será apoiado.

Elementos de nosso próprio projeto

A essência do projeto será uma combinação dos modelos e estratégias mencionados anteriormente neste livro. Aqui estão alguns elementos de projeto necessários para se construir um sistema social:

1. Qual é a missão do sistema? E quem decide isso? A quem estamos realmente servindo?
2. Como construímos o cargo do líder? E quem decide isso?
3. Que medidas têm significado para nós? E podemos escolher essas medidas coletivamente e limitá-las a cinco?
4. Que aprendizado ou treinamento é necessário? E quem decide isso? Níveis diferentes podem aprender juntos, a fim de ajudar a superar a distância social entre os níveis?
5. O que consideramos recompensas razoáveis, transparentes e justas? E quem decide isso?
6. Como melhoramos a qualidade e introduzimos mudanças? E quem faz essas escolhas?
7. Como permanecemos em contato com o nosso mercado e com aqueles a quem queremos servir? E como cada um será envolvido nisso?
8. Qual é nosso sistema de crenças a respeito da motivação das pessoas? E como isso se encaixa com os valores que queremos colocar em prática aqui?

Perceba que *Quem decide?* é uma parte de cada elemento. É respondendo às perguntas *Quem decide?* e *Quem está na sala?* que nos posicionamos em relação a nossos valores.

Agora temos um esboço básico do papel do arquiteto social. Ele não substitui a necessidade de engenheiros ou economistas; a intenção é exatamente realçar seus pontos fortes. A chave é promovermos o ativismo, não termos medo dele. Essas tarefas do arquiteto social têm o objetivo, na verdade, de manter a tecnologia, a barganha e a velocidade em perspectiva. Isso exige fé em nossas capacidades e a disposição de pôr fim ao hábito de nos concentrarmos em nossos pontos fracos. Nossos pontos fracos estão aí para ficar, nossos pontos fortes mal foram tocados. Quando nos concentramos em nossos pontos fortes, nos confrontamos com nossa liberdade e os outros com a deles. Isso é muito mais poderoso do que o habitual enfoque nas deficiências, que apenas nos lembram de nossos limites.

Um exemplo

Há muitos chefes que agem de maneira bem-sucedida nesse papel. Alguns são bem conhecidos: Max De Pree, quando estava na Herman Miller, e Rich Tierlink, na Harley Davidson. Um exemplo de um executivo que cumpre esse papel e usa seu poder com graça é Dennis Bakke, presidente e CEO da AES. Não é meu papel contar sua história nem mesmo romanceá-la apenas para defender uma idéia. Eu nem o conheço tão bem, embora tenhamos compartilhado uma plataforma. Mas, pelo que posso ver, ele parece ter construído seu negócio baseado em muitas das idéias que estão sendo discutidas aqui. Eis algumas poucas indicações do que ele fez para cumprir seu papel como arquiteto social:

1. **Apoiar o controle e a capacidade locais.** Dennis colocou muitas escolhas o mais próximo possível do trabalho. Um exemplo clássico: a administração de uma grande reserva, ou fundos de amortização, está nas mãos de equipes de funcionários em cada local. Ele quer que seus funcionários compreendam o aspecto econômico do negócio e sejam alfabetizados em finanças. Ele acha que a melhor maneira de fazer isso é colocar algum dinheiro nas mãos deles.
2. **Não se deter por falhas.** Quando há uma falha – por exemplo, no caso de Dennis, um acidente sério – e ele fica sob a pressão tanto da mídia como da diretoria para puxar as rédeas de volta ao centro, ele se mantém fiel à crença na escolha local e não muda esse compromisso.
3. **Preocupar-se com o todo.** Dennis sabe que é responsável por mais do que apenas um negócio bem-sucedido; ele também se responsabiliza pelo bem-estar de todas aa comunidades nas quais a AES opera. E Dennis assume isso. Todas as declarações de propósito reforçam o papel que seu negócio desempenha nessas comunidades. Ele atua em países e regiões que são particularmente difíceis para empresas americanas, e seu negócio é excepcionalmente bem-vindo.
4. **Estar disposto a ficar vulnerável.** Dennis admite fracassos e deficiências publicamente. Em sua carta anual para os acionistas, ele fala de seus desapontamentos em uma linguagem direta e simples. Sem racionalizações e sem aquele tom de otimismo forçado ao dizer que a adversidade era esperada ou crítica

para seu crescimento. Quando algo não funciona, ele simplesmente assume a culpa e deixa por isso mesmo.

5. **Valorizar primeiro o sistema humano.** Dennis sabe que as pessoas que fazem o trabalho são o negócio, não os líderes. Seu relatório anual de 2000 não contém fotografias dos executivos, nem fotos de grupos tiradas na sala da diretoria para inspirar confiança. Todas as fotos e histórias são sobre as pessoas comuns e trabalhadoras. Dúzias de rostos olhando direto para a câmara, felizes em serem vistos. Bastante impressionante.
6. **Definir o debate.** Dennis carrega com ele o idealismo e o mantém à frente de sua instituição. Eu já o ouvi falar e seu idealismo e fé nas pessoas é inconfundível. Ele parece determinado a fazer diferença na vida das pessoas ao redor do mundo, e é para isso que aparece para falar. Além disso, ele mantém a discussão de valores sobre a mesa, que é onde deveria estar.

Quando ouve Dennis falar, você presta atenção à sua modéstia quanto a seu papel, e seu compromisso com uma série de valores que em muito transcendem o negócio. E o negócio vai bem. A questão não é a pessoa, pois, no momento em que você estiver lendo este livro, tudo na AES pode ter mudado e Dennis pode ter virado um líder que aponta erros e anota nomes. A questão é que, ao menos por um período, um líder encontrou uma maneira de juntar a economia, a engenharia e a arte. Se isso acontece apenas uma vez na vida, sabemos que é possível, e que é possível inclusive na nossa situação. E há centenas de outros como Dennis.

A intenção aqui não é definir completamente o papel do arquiteto social. Entrar em muitos detalhes seria ficar muito próximo de mais uma lista de respostas. Antes, a arquitetura social é uma imagem, um papel que cada um de nós pode ajudar a criar. Minha esperança é de que isso, de alguma forma, nos dê uma idéia de como podemos trazer nossa disposição de agir de acordo com nossos valores, de acordo com o que nos importa, para a arena coletiva e institucional. O papel do arquiteto social reconhece que agir de acordo com o que importa para uma pessoa acontecerá em harmonia com os que estiverem ao seu redor. O esforço individual não será suficiente. Se não encorajarmos outros a encontrar seu propósito, sua voz, nunca seremos capazes de sustentar a nossa.

15

mistério

é um mistério para mim. Parte do que impulsiona a cultura instrumental e nos mantém emaranhados no pragmatismo é nossa necessidade de certeza. Ela é inevitavelmente frustrada pela natureza dos sistemas humanos. Muito do que sabemos sobre como as pessoas mudam ou como as organizações se desenvolvem é baseado em narrativas e na intuição. As ciências sociais são altamente sociais, mas com muito pouca ciência. Muitas das pesquisas na área da psicologia foram feitas com estudantes universitários, já que eles são os únicos voluntários disponíveis e dentro do orçamento. A pesquisa de sistemas vivos usa o termo *pesquisa* no sentido mais amplo, já que é impossível criar condições controladas em um sistema operado por humanos. Um dos mandamentos da ciência é que a pesquisa deve ser reproduzível, o que é impossível em um sistema social.

> Tentar conter os esforços humanos no campo da certeza, da ciência ou da engenharia é, ao mesmo tempo, fútil e prejudicial. Por mais que tentemos, não somos capazes de remover o mistério da vida. Somos confrontados constantemente com a dificuldade de agir de acordo com nosso idealismo e buscar uma profundidade inalcançável, e somos deixados com pouco mais do que um paradoxo: a idéia de que, para cada grande idéia, existe uma idéia oposta que também é verdade.

O problema da liberdade

A insolubilidade dos problemas humanos começa no Jardim do Éden. Deus poderia ter deixado Adão e Eva permanecerem no paraíso. Mas ele conjurou a serpente, a inocência foi perdida e o resto é história. Bem, mais ou menos. Naquele momento nos foi dada a liberdade e o mal foi criado – mal no sentido de que há aspectos do mundo que sempre estarão fora de nosso controle, um mal que apequena o espírito humano.

É o fato de sermos livres que cria problemas insolúveis. O desejo de que todos os problemas sejam solucionáveis é um ataque à liberdade. É a crença de que o mal pode ser erradicado e de que, se fizermos isso, criaremos a falsa possibilidade de retorno ao paraíso. Dessa forma, nós subestimamos o poder do mal e ignoramos a natureza redentora do esforço.

Falsa certeza

Procurar certeza em assuntos humanos gera dúvida e a crença de que não somos o bastante. Essa dúvida e essa insegurança são a razão pela qual continuamos procurando mais respostas, muito tempo depois de as respostas que nos foram dadas terem se tornado insatisfatórias. A procura da certeza presume que, se soubéssemos mais ou melhor, saberíamos o que fazer. Saberíamos como pôr fim ao sofrimento dos outros e ao nosso. Achamos que, se fôssemos pais melhores, teríamos crianças mais felizes e bem-sucedidas, ou que poderíamos ter os filhos que pedimos. Exigir uma solução ou um plano de ação para tudo também é arrogante. É um desejo de perfeição. É nosso desejo de ser Deus.

Quando aceitamos que há conjuntos de problemas para os quais não existem respostas e nunca existirão, abrimos espaço para o mistério e a imperfeição na vida. O mistério e a imperfeição restauram nossa humanidade. É o espaço imperfeito que, como diz Christopher Alexander, nos abre a possibilidade de vida. É necessário haver espaço para o prodígio, a gratidão, a entrega, o pesar e a compaixão em nossas vidas institucionais, assim como em nossas vidas pessoais. Isso transforma em condição humana o que pensávamos ser "problemas". Nossa disposição de aceitar o imperfeito e o mundo paradoxal rompe nosso isolamento e cria a oportunidade para uma conexão mais íntima com o mundo. Isso nos ajuda a perceber que todos os negócios são pessoais e, portanto, trazem profundidade a nossas vidas. E aprender a fazer perguntas é a argila do idealismo.

Uma organização humana

Admitir o mistério da vida, da motivação humana, de como as pessoas fazem contato umas com as outras, muda nossa maneira de pensar a vida organizacional. A diversidade e a imperfeição da alma humana são, em última análise, o que torna as instituições envolventes, humanas e habitáveis. Os sistemas humanos são imperfeitos, são o lar dos problemas insolúveis. E não podemos nos valer das ferramentas e estratégias da engenharia e economia e aplicá-las à administração de organizações.

Algumas vezes as pessoas usam o termo "ciência da administração". Mas não existe uma ciência da administração, nem há muita ciência social válida. Mesmo chamá-las de "ciências" é enganoso. Se você duvida disso, deixe-me fazer uma pergunta simples: falando do seu negócio, universidade, organização sem fins lucrativos, escola, hospital ou qualquer que seja seu local de trabalho, como ele está indo? Está sob controle, é previsível e funciona de maneira racional? Ou é exageradamente político, cheio de pessoas e departamentos disputando uns com os outros, lutando para realizar seus valores e crenças? E, quando você responder a essa pergunta, pense em pessoas no seu nível e acima. A única vez em que o mundo parece estar sob controle é quando olhamos para aqueles que estão abaixo de nós. Há uma distorção vertical quando olhamos para baixo, muito parecida com olhar a terra a partir de um avião. A terra parece espaçosa, calma e bem arrumada. Até o momento em que você aterrissa.

O mito do gerenciamento de mudanças

A tendência de aplicar em excesso a engenharia e os princípios científicos aos esforços humanos é exagerada na arena da mudança organizacional. Há anos estamos tentando conduzir a mudança. Aprofundar a mudança. Levar adiante programas de mudança. Queremos implementar e instalar programas. Queremos prescrever o comportamento desejado, e depois treinar e avaliar pessoas segundo esse gabarito. Nós os chamamos de programas ou processos como se eles fossem, na verdade, previsíveis. Eles não são. Se você for receptor desses esforços de mudança, verá, em primeira mão, a dificuldade de ser aquele que é conduzido, exercitado, implementado, instalado, treinado e avaliado.

O que chamamos de gerenciamento de mudanças torna-se um esforço cosmético ou um modismo quando pensamos que podemos prevê-lo e controlá-lo, torná-lo uma ciência. Existe a arte da administração e a prática da administração, mas uma ciência da administração? Não dessa forma – não se você está no meio dela.

O trabalho de construir, administrar e transformar sistemas humanos sofre quando nos concentramos demais nas respostas. A razão por que temos de passar de uma moda para outra, de um consultor para o outro, quando continuamos a perguntar *Como?* é que estamos procurando uma resposta que não existe. É como procurar a fonte da juventude. Pare de procurar algo que não encontrará. Pare de cavar.

O valor da pergunta

O que é mais útil é pensar cuidadosamente na pergunta. Não há nada mais prático do que uma boa teoria e, mais ainda, não há nada tão prático do que uma boa pergunta. Essas ações, em assuntos humanos, que oferecem soluções para os problemas, permanecem na superfície. Sistemas humanos precisam de profundidade. Quanto mais profundo, melhor. Precisam de mais filosofia do que de psicologia, mais de imaginação do que de engenharia, mais de exploração do que de instalação. Não há nada mais prático, em assuntos humanos, que adiar o anseio de ser imediatamente prático.

Se pudermos aceitar que não há solução para os problemas humanos, que eles não podem ser resolvidos tecnologicamente ou que não podemos pagar para nos livrarmos deles, podemos aceitar que a pergunta é mais importante que a resposta. Aliás, para todos nós, saber qual é a pergunta pode ser a tarefa verdadeira. Talvez a transformação seja marcada pela mudança da pergunta.

É no campo dos esforços humanos que descobriremos o que importa. Aqui estão alguns pensamentos que possivelmente nos conduzirão a um desenvolvimento duradouro de sistemas humanos eficazes.

1. **Entenda que a tarefa é mudar da demanda pela resposta certa para a busca da pergunta certa.** Para qualquer coisa que importa, a resposta está na pergunta. Faça a pergunta certa e a resposta será auto-evidente em todos os casos. Tudo que é necessário é meditar, burilar e encarar com honestidade as implicações da pergunta. Reconheça que, para cada resposta a uma pergunta importante, o oposto também é verdadeiro. Que pergunta, para a qual eu tivesse uma resposta, me libertaria?

2. **Reconheça que o empenho é a solução.** O diálogo sério sobre a pergunta traz sua solução. A solução não é tanto uma resposta, mas a experiência de que nossas ações começam a mudar em direções mais produtivas e harmoniosas. Peter Koestenbaum diz que nós simplesmente superamos a pergunta. É a fé no diálogo que substitui a crença em fórmulas. O mundo lhe oferece uma fórmula para atender às necessidades mundanas e você responde com uma pergunta mais profunda, construída por você.

3. **Veja a realidade da situação atual.** Perceba o sofrimento e os custos do que existe agora. Dizer a verdade é um grande passo em qualquer esforço de restauração. Neste livro, tentei articular a instrumentalização da cultura como uma maneira de oferecer uma escolha em resposta a ela.

4. **Lamente pelos custos do que existe agora.** Especialmente pela complexidade e permanência da condição humana. Ao encarar o sofrimento que você sabe que é permanente, a única ação que importa é lamentar.

5. **Ganhe controle sobre a natureza do debate.** Quem determina o tema do debate? Você retoma o controle da sua vida ao decidir quais são as perguntas importantes. Isso pode não proporcionar o resultado que você estava procurando, mas decidir o que será discutido é um ato político.

6. **Trate a conversa como uma ação.** É um ato de liberdade lutar com as questões de identidade, do que importa, de quem somos. O que queremos ser? Quais são os nossos desejos? A quem queremos engajar? Uma conversa sobre qualquer dessas coisas é um plano de ação. Ela nos proporciona o engajamento e a intimidade que buscamos.

7. **Levante a pergunta do que queremos criar juntos, mesmo que seja em uma instituição estabelecida.** A tarefa verdadeira é ajudar a instituição a questionar seu propósito. Fazer dinheiro e servir a um público específico são objetivos pequenos demais. Agir de acordo com o que importa é um tema importante tanto para nossas instituições quanto para nós mesmos. O significado surge quando levantamos questões de propósito em nosso local de trabalho – questões de responsabilidade social, justiça social, engajamento cívico, questões sobre o significado que a instituição tem para a comunidade. Todas elas podem ser buscadas simultaneamente à tarefa de realizar trabalho da organização. Os economistas não concordam, mas eles já vêm fazendo as coisas do jeito deles há algum tempo.

Fazendo serenata para a Lua

Todas essas ações parecem levar tempo demais. Parece que estamos fazendo as grandes perguntas há uma eternidade. Esse sentimento é a resistência em ir mais fundo e reconhecer o que você está enfrentando. As perguntas são grandes demais e levam tempo demais apenas quando você espera uma solução final.

▼

Os problemas que contam precisam ser respeitados antes que se revelem para nós. O foco em ferramentas, respostas e solução de problemas os mantém escondidos, porque nós nos voltamos apenas para as soluções, as quais são mais fáceis de implementar. O impulso para a ação concreta é exatamente o que põe de lado nossos sonhos e adia para amanhã o que precisa ser tratado hoje. No filme *Shakespeare Apaixonado*, um dos personagens está constantemente em apuros e, ao ser colocado contra a parede para dizer quando irá pagar seu débito, responde: "É um mistério para mim". Isso poderia ser visto como uma maneira inteligente de adiar o pagamento, mas talvez tenha sido uma genuína expressão de fé.

sobre a Design Learning. Se você quiser explorar melhor as idéias deste livro, contate a **Designed Learning**. Fundada por Peter Block, a **Designed Learning** é uma organização de serviços na área de treinamento e consultoria que existe para ajudar organizações a serem bem-sucedidas em mudanças complexas. Por meio de uma variedade de idéias e tecnologias inovadoras, nós ajudamos nossos clientes a apoiar a transformação de seus funcionários de staff em eficientes consultores internos e equipes de consultoria.

Os workshops de consultoria sem falhas são um elemento-chave de nossa missão de ajudar organizações a construir capacidades e desenvolver pessoas para um trabalho mais significativo e bem-sucedido. Três workshops práticos de construção de habilidades foram projetados para consultores internos e externos aprenderem como estabelecer e manter relações de trabalho colaborativas com os clientes, as quais resultam em efeitos positivos para o negócio, e aprenderem como ter influência quando não se tem o controle. Eles incluem:

Consultoria sem falhas I: Contratação

- Desenvolver compromisso.
- Trabalhar mais no papel de parceiro.
- Negociar acordos de trabalho mais eficazes e duradouros.
- Identificar fases e habilidades de consultoria.
- Desenvolver técnicas para definir papéis e responsabilidades e esclarecer expectativas.
- Conquistar um melhor uso da especialização do pessoal de staff na organização.
- Evitar situações de consultoria em que os dois lados perdem.

Consultoria sem falhas II: Descoberta

- Praticar uma coleta de dados ou modelo de descoberta.
- Conduzir entrevistas para coletar dados sobre um tema de negócios.
- Lidar com a resistência.
- Conquistar a habilidade de transformar recomendações em uma decisão de agir.
- Conduzir uma reunião bem-sucedida de *feedback*.

- Identificar métodos para mapear os passos de ação com o cliente antes da implementação.
- Aumentar o comprometimento e as ações do gerente de linha.

Consultoria sem falhas III: Implementação

- Escolher o engajamento em vez do mandato e das orientações.
- Criar um equilíbrio entre apresentação e participação.
- Romper com os refrões conhecidos para criar novas conversações.
- Aprender os oito passos que criam reuniões para um maior engajamento.
- Lidar com a resistência e apoiar a discordância pública.
- Desenvolver um diálogo autêntico dentro da organização cliente.
- Concentrar-se nos trunfos e dons em vez de concentrar-se nas fraquezas e deficiências.

Outros worshops da Designed Learning incluem:

Workshop Gerentes Poderosos: Escolher a responsabilização – Tornar o negócio seu

Workshop Stewardship: Regência/Gerência: Desenvolvendo capacidade – Criando uma cultura de responsabilização

Workshop de conflito: Administrando divergências e concordâncias – Fazendo o conflito trabalhar para você

Grupos de staff na nova economia: Fazendo a transição das funções de staff para o serviço de consultoria

Para saber mais sobre esses workshops, visite o *website* www.designedlearning.com. Todos estes workshops, consultorias e *coaching* são oferecidos pelo representante oficial no Brasil e na América Latina por:

Digna Human Systems Management
Joyce Mitchell
Alamenda André Rebouças, 10
Embu das Artes - SP
Fone: (11) 4704-3874
e-mail: mich@uol.com.br

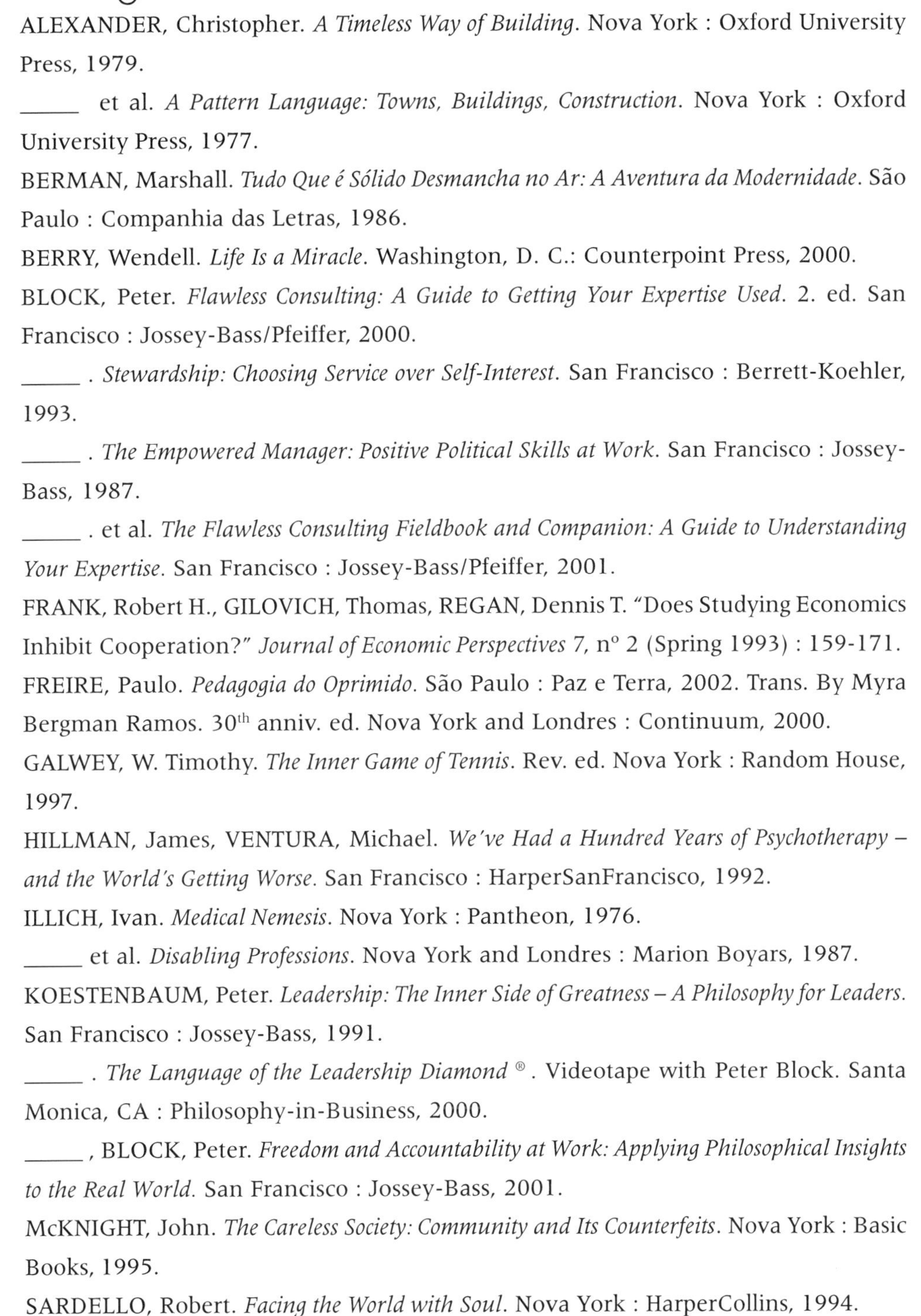

bibliografia

ALEXANDER, Christopher. *A Timeless Way of Building*. Nova York : Oxford University Press, 1979.

_____ et al. *A Pattern Language: Towns, Buildings, Construction*. Nova York : Oxford University Press, 1977.

BERMAN, Marshall. *Tudo Que é Sólido Desmancha no Ar: A Aventura da Modernidade*. São Paulo : Companhia das Letras, 1986.

BERRY, Wendell. *Life Is a Miracle*. Washington, D. C.: Counterpoint Press, 2000.

BLOCK, Peter. *Flawless Consulting: A Guide to Getting Your Expertise Used*. 2. ed. San Francisco : Jossey-Bass/Pfeiffer, 2000.

_____. *Stewardship: Choosing Service over Self-Interest*. San Francisco : Berrett-Koehler, 1993.

_____. *The Empowered Manager: Positive Political Skills at Work*. San Francisco : Jossey-Bass, 1987.

_____. et al. *The Flawless Consulting Fieldbook and Companion: A Guide to Understanding Your Expertise*. San Francisco : Jossey-Bass/Pfeiffer, 2001.

FRANK, Robert H., GILOVICH, Thomas, REGAN, Dennis T. "Does Studying Economics Inhibit Cooperation?" *Journal of Economic Perspectives* 7, nº 2 (Spring 1993) : 159-171.

FREIRE, Paulo. *Pedagogia do Oprimido*. São Paulo : Paz e Terra, 2002. Trans. By Myra Bergman Ramos. 30th anniv. ed. Nova York and Londres : Continuum, 2000.

GALWEY, W. Timothy. *The Inner Game of Tennis*. Rev. ed. Nova York : Random House, 1997.

HILLMAN, James, VENTURA, Michael. *We've Had a Hundred Years of Psychotherapy – and the World's Getting Worse*. San Francisco : HarperSanFrancisco, 1992.

ILLICH, Ivan. *Medical Nemesis*. Nova York : Pantheon, 1976.

_____ et al. *Disabling Professions*. Nova York and Londres : Marion Boyars, 1987.

KOESTENBAUM, Peter. *Leadership: The Inner Side of Greatness – A Philosophy for Leaders*. San Francisco : Jossey-Bass, 1991.

_____. *The Language of the Leadership Diamond* ®. Videotape with Peter Block. Santa Monica, CA : Philosophy-in-Business, 2000.

_____, BLOCK, Peter. *Freedom and Accountability at Work: Applying Philosophical Insights to the Real World*. San Francisco : Jossey-Bass, 2001.

McKNIGHT, John. *The Careless Society: Community and Its Counterfeits*. Nova York : Basic Books, 1995.

SARDELLO, Robert. *Facing the World with Soul*. Nova York : HarperCollins, 1994.

Índice Remissivo

sobre o autor.

Peter Block é autor, consultor e palestrante e ajudou a iniciar o interesse no *empowerment*. Seu trabalho centra-se agora nas formas de trazer o serviço e a responsabilização para organizações e comunidades.

Ele é autor de vários *best-sellers*: *Flawless Consulting: A Guide to Getting Your Expertise Used,* segunda edição (1999), *The Empowered Manager: Positive Political Skills at Work* (1987) e *Stewardship: Choosing Service over Self-Interest* (1993). *The Flawless Consulting Fieldbook and Companion: A Guide to Understanding Your Expertise,* escrito por Peter Block e 30 consultores perfeitos, foi lançado em novembro de 2000. Seus livros mais recentes são *Freedom and Accountability at Work: Applying Philosophic Insight to the Real World* (2001) e *The Answer to How is Yes: Acting on What Matters* (2001).

Peter tem seu próprio escritório de consultoria e é parceiro da Designed Learning, uma companhia de treinamento que oferece workshops de habilidades de consultoria. Esses workshops foram projetados por Peter para desenvolver as habilidades descritas em seus livros.

Peter recebeu vários prêmios nacionais pelas incríveis contribuições no campo de treinamento e desenvolvimento. Ele serviu como voluntário na Associação de Qualidade e Participação, Televisão e Rádio Pública de Connecticut e outras agências de comunidades locais. Foi co-fundador da Escola para Gerenciar e Liderar Mudanças, um programa intensivo destinado a ensinar estratégias autênticas e de alto compromisso para transformar organizações.

Ele pode ser contatado pelo e-mail: pbi@att.net. Seu escritório situa-se em Mystic, Connecticut, EUA.

GRÁFICA PAYM
Tel. (011) 4392-3344
paym@terra.com.br

CADASTRO DO LEITOR

- Vamos informar-lhe sobre nossos lançamentos e atividades
- Favor preencher todos os campos

Nome Completo (não abreviar):

Endereço para Correspondência:

Bairro: Cidade: UF: Cep: –

Telefone: Celular: E-mail: Sexo: F M

Escolaridade:

- 1º Grau
- 2º Grau
- 3º Grau
- Pós-Graduação
- MBA
- Mestrado
- Doutorado
- Outros (especificar):

Obra: **Comportamento Organizacional – Peter Block**

Classificação: **Consultoria / Recursos Humanos / Administração**

Outras áreas de interesse:

Quantos livros compra por mês?: por ano?

Profissão:

Cargo:

Enviar para os faxes: **(11) 3079-8067/(11) 3079-3147**

ou e-mail: **vendas@mbooks.com.br**

Como teve conhecimento do livro?

- Jornal / Revista. Qual?
- Indicação. Quem?
- Internet (especificar *site*):
- Mala-Direta:
- Visitando livraria. Qual?
- Outros (especificar):

M. Books do Brasil Editora Ltda.

Av. Brigadeiro Faria Lima, 1993 - 5º andar - Cj 51
01452-001 - São Paulo - SP Telefones: (11) 3168-8242/(11) 3168-9420
Fax: (11) 3079-3147 - e-mail: vendas@mbooks.com.br

DOBRE AQUI E COLE

CARTA – RESPOSTA

NÃO É NECESSÁRIO SELAR

O selo será pago por

M. BOOKS DO BRASIL EDITORA LTDA

AC Itaim Bibi
04533-970 - São Paulo - SP

DOBRE AQUI

[ ][ ][ ]-[ ][ ][ ][ ][ ]

End.: ....

Rem.: ....